AF389298

ARMORIAL DU CANADA FRANÇAIS

ARMORIAL

DU

CANADA FRANCAIS

par

E. Z. MASSICOTTE et RÉGIS ROY

*Noblesse française et noblesse canadienne — Baronnets
canadiens-français — Lieutenants-gouverneurs
de la province de Québec.*

Notes diverses

Illustrations par ALFRED ASSELIN

DEUXIÈME SÉRIE

MONTRÉAL
LIBRAIRIE BEAUCHEMIN LIMITÉE
1918

PRÉFACE

La faveur que le public a paru accorder à la première série de
l'*Armorial du Canada français*, nous engage à poursuivre notre
tâche, car nous avons l'espoir que cette nouvelle série sera accueil-
lie avec une égale bienveillance.

Dans le présent volume, nous ne nous bornons pas aux armoiries du régime français; pour varier l'intérêt nous avons ajouté:
1° les armes de quelques immigrants nobles arrivés au Canada
depuis la cession; 2° celles de nos baronnets canadiens-français;
3° enfin, les sceaux de nos lieutenants-gouverneurs.

* * *

Personne ne l'ignore, deux de nos compatriotes ont été créés
baronnets et il serait impardonnable de ne pas conserver le souvenir de leurs blasons. On remarquera, dans ceux-ci, la présence
d'un franc-canton d'argent à la main de gueules. Cette pièce est
formée des armes de l'Ulster et elle apparaît dans toutes les armoiries des baronnets du Royaume-Uni de la Grande-Bretagne
et de l'Irlande (1).

Depuis l'établissement de la confédération canadienne, onze
Canadiens-français ont rempli la charge de lieutenants-gouverneurs de la province de Québec et chacun des titulaires, a adopté
des armes dont il a orné son sceau officiel.

Ces sceaux ont une valeur historique et l'on nous saura gré de
leur donner place dans cet ouvrage.

---

(1) Burke's Peerage, Baronetage and Knightage, London, 1914.

* *

Jacques Viger, premier maire de Montréal, est sans doute le plus ancien archéologue canadien-français qui se soit occupé de recueillir, en Canada, les armes des familles dont les noms sont mêlés à notre histoire, mais nous ne connaissons de ses recherches que quelques rares mentions (1).

C'est à l'abbé François Daniel, né à Coutances, France, en 1820, et venu résider au séminaire de Saint-Sulpice de Montréal en 1847, que nous devons, en ce pays, les premiers ouvrages de langue française contenant des armoiries (2).

Pionnier dans une branche de notre histoire, ce généalogiste mérite les hommages de ceux qui suivent la voie qu'il a ouverte et, en justice pour lui, il importe, croyons-nous, de signaler un point trop souvent oublié de son œuvre.

Au début du supplément à l'*Histoire des grandes familles françaises du Canada* (3), l'auteur nous informe qu'il ajoute "des noms qui ont quelque analogie avec ceux portés par des personnes qui ont existé ou qui existent encore en Canada. Nous les donnons, dit-il, *à titre de renseignement et dans le but de provoquer de nouvelles études.*"

Suit une série de notices dans lesquelles l'abbé Daniel indique les armes de familles vivant alors en France (1867) et dont les noms offraient des ressemblances avec ceux de nos familles anciennes ou modernes.

---

(1) M. Viger était plutôt collectionneur qu'héraldiste, si l'on en juge par le blason du sceau que le conseil de ville de Montréal adopta sous sa présidence, en 1833 et dont le texte est reproduit dans Lamothe, Histoire de la corporation de Montréal, p. 258. Voir à ce sujet le *Bulletin des recherches historiques*, 1917, p. 54.

(2) L'abbé Daniel est décédé le 20 février 1908, à Montréal. La bibliothèque Saint-Sulpice conserve les armoriaux qui servirent à ses études.

(3) Ce supplément figure à la fin de l'*Histoire des grandes familles*, etc., ainsi qu'à la fin de *Nos gloires nationales.*

En bien des cas, les armes signalées ne nous concernent pas, parce que l'analogie des noms ne signifie pas l'analogie des armes et l'auteur le sait, car dans le texte des notices, il répète plusieurs fois, au lecteur, pour le mettre en garde et l'empêcher de conclure hâtivement: 'nous ignorons s'il y a quelque rapport entre cette famille et celle du Canada" ou, " en France, on retrouve une famille de ce nom" ou, "il appartenait à une ancienne famille qui semble exister encore"...etc.

Mais ces formes dubitatives n'arrêtent pas un quidam pressé à la recherche d'une solution immédiate, aussi a-t-on, parfois, accepté, sans vérification préalable, des armes qui n'appartiennent aucunement aux familles auxquelles on les a accolées.

* * *

Trouver les armes exactes des personnages qui ont vécu il y a deux siècles n'est pas toujours chose facile. Des familles sans lien de parenté et aux noms dissemblables, portent parfois des armes identiques, par contre, des familles de même nom blasonnent différemment.

Il arrive qu'une famille modifie des armes après une alliance nouvelle ou les transforme complètement à la suite d'un événement quelconque. D'autre part, des branches cadettes brisent les armes de la branche aînée en employant le lambel, la bordure, le bâton, le franc-canton, etc., en changeant les émaux ou la situation des figures (1), enfin, en introduisant dans l'écu des partitions ou des écartelures (2).

Pardessus tout, il faut se méfier de la similitude des noms territoriaux. Au XVIIe et au XVIIIe siècle vécurent, dans la Nouvelle-France, des Chomedey de Maisonneuve, des Langy de

____

(1) Il faut également tenir compte que des graveurs, des peintres et des dessinateurs se sont trompés plus ou moins dans les reproductions de certaines armoiries.

(2) Voir au mot *brisures* dans le vocabulaire.

Maisonneuve, des Puybarau de Maisonneuve, des Sauvageau de Maisonneuve, etc., qui n'étaient aucunement alliés et dont les armes différaient.

Et nous pourrions citer quantité de cas de ce genre.

*   *

Nous avons dit dans la préface de la première série que la connaissance de l'art héraldique était utile aux archéologues, aux numismates, aux bibliophiles (1), nous aurions pu avancer qu'elle était nécessaire, au moins, à ceux qui se chargent de faire des sceaux armoriés pour les dignitaires, les villes, les institutions. Combien de gens se doutent que les divisions de l'écu, la position des pièces et des meubles sont fixées d'après des règles, que les armoiries doivent être des emblêmes et non des rébus ou des tableaux de genre ?

Autrefois, nos ancêtres se contentaient d'un " petit signe pour exprimer une grande idée ", alors qu'aujourd'hui on a besoin d'un véritable paysage.

Comme le remarque sagement maître Palliot dans son savant ouvrage : "les armes les plus simples... sont les plus belles et la simplicité consiste en peu de pièces dans un seul écu". (2)

*   *

Nous ne répétons pas ici les renseignements fournis dans la préface et l'introduction de la première série, et le vocabulaire, à la fin du présent volume, ne comprend que les expressions non déjà définies. Cependant, pour répondre au désir de plusieurs nous ajoutons la signification emblématique ou symbolique des émaux et des principales pièces, même quand ces termes ont déjà figuré dans le vocabulaire antérieur.

Les auteurs.

---

(1) Bladelli prétend que " la science du blason est indispensable aux érudits qui s'occupent d'histoire ".

(2) *La vraye et parfaite science des armoiries* de Louvan Géliot, augmentée par Maître Palliot. Paris, 1660, 2 vol. in-folio.

NOTES DIVERSES

Abrégé du blason en vers

Le blason se compose de différents émaux,
N'a que quatre couleurs, deux pannes, deux métaux.
Et les marques d'honneur qui suivent la naissance,
Distinguent la noblesse et sont sa récompense.
Or, argent, sable, azur, gueules, sinople, vair,
Hermine au naturel et la couleur de chair,
Chef, pal, bande, sautoir, fasce, barre, bordure,
Chevron, pairle, orle et croix de diverse figure
Et plusieurs autres corps nous peignent la valeur,
Sans métal sur métal, ni couleur sur couleur.
Supports, cimiers, bourlet, cri de guerre, devise,
Colliers, manteaux, honneurs et marques de l'église,
Sont de l'art du blason les pompeux ornemens,
Dont les corps sont tirés de tous les élémens,
Les astres, les rochers, fruits, fleurs, arbres, et plantes,
Et tous les animaux de formes différentes,
Servent à distinguer les fiefs et les maisons,
Et des communautés composent les blasons.
De leurs termes précis énoncez les figures,
Selon qu'elles auront de diverses postures.
Le blason plein échoit au partage à l'aîné
Tout autre doit briser comme il est ordonné.

C. F. MENESTRIER, S. J.

(La méthode du blason, p. 309.)

NOBLESSE CANADIENNE

Chaque pays a sa noblesse. Nous avons eu celle du sang. Elle nous est venue en grande partie de la France. Plusieurs noms figurent dans notre histoire qui brillaient au temps des croisades : c'est la noblesse de vieille roche, sinon la plus riche. Elle a été plus largement représentée sur nos rives, que dans aucune autre colonie... Il n'est pas nécessaire de citer les noms ils sont assez connus : ils appartiennent presque tous à l'histoire. Je dois toutefois rappeler que nous commençons à les voir figurer dans nos archives aussitôt après 1632. Chaque année en fournit de nouveaux... A côté de la noblesse de l'épée venait celle de la robe et même celle de la science. Comme l'autre, elles avaient leurs degrés, mais elles n'en étaient pas moins réelles.. Presque toutes les charges qui tenaient à l'administration de la justice, telle qu'elle était organisée, se donnaient à des personnes de naissance, comme on disait alors...

Nous avons en outre une noblesse qui s'est acquise dans des luttes terribles, au commencement de la colonie. Elle est moins ancienne que l'autre, mais elle est plus nationale, plus complètement canadienne. Un sentiment bien digne de respect porte chacun à savoir jusqu'à quel point il s'y rattache. Si les liens, plus ou moins étroits, que l'on peut avoir avec ceux qui, jadis, ont sacrifié pour la patrie leurs richesses, leurs sueurs ou leur sang, si ces liens ne peuvent absolument tenir lieu de tout mérite personnel, ils n'en constituent pas moins un véritable patrimoine que personne n'a le droit de contester aux autres. Le dévouement, dans ses différents degrés, a une illustration que la récompense reconnaît, mais qu'elle ne saurait donner.

Abbé CYPRIEN TANGUAY.

(Dictionnaire généalogique, vol. I, pp. ix à xi).

NOBLESSE ET PARTICULE

Plusieurs imaginent que la présence de la particule dans un nom est un signe de noblesse; est-ce à tort ou à raison ?

On reconnaissait que quelqu'un était noble, au 17ième et au 18ième siècle lorsqu'il pouvait se dire escuyer, chevalier, baron, comte, marquis, et plus.

Dans la majorité des noms de gentilshommes, on trouve, il est vrai, la particule, mais dans d'autres, elle n'apparaît point, tels, pour citer au hasard : Jacques Cartier, découvreur du Canada, François-Marie Perrot, gouverneur de Montréal, les sieurs Talon, Robert, Raudot et Bigot, intendants, etc., etc. (1)

Par contre, quantité de personnages portaient la particule qui n'avaient jamais reçu de lettres de noblesse, tels : Sauvageau de Maisonneuve, Thaumur de la Source, les sieurs de Saintes, de Sèvres, de Dieu, etc., etc.

La plus grande liberté même semble avoir régné au sujet de l'adoption des surnoms territoriaux ou autres. Dès qu'un individu possédait un lopin de terre, un fief, une seigneurie, qu'il occupait une fonction publique ou avait amassé quelque fortune, il accolait à son nom, un "sieur de quelque chose." Aussi, voyons-nous, à Montréal, le fils du menuisier Godé, devenir "Godé, sieur de la Montagne ", parce que son père ou lui avait obtenu une terre près du Mont-Royal; un fils du juge Pierre Raimbault et de Jeanne Françoise Simblin, signe : Raimbault de Saint-Blin; un autre, Rambault de Piedmont. Le frère de Charles Lemoyne de Longueuil, s'intitule "Jacques Lemoyne, sieur de Sainte-Marie." Le fils de l'huissier et notaire Michel

(1) "Jamais la particule *de* avant le nom de famille ou entre deux noms portés par un seul homme n'a été par elle-même ni preuve, ni signe, ni présomption de noblesse." (Faguet, *Propos littéraires*, 5e série, p. 250.)

LePallieur, s'appelle Le Pallieur de la Ferté, et nous pourrions multiplier les citations de ce genre.

Et pourquoi aurait-on empêché les gens de se donner de la particule, puisque cela ne servait qu'à singulariser un individu sans lui donner plus de privilège qu'au reste des mortels ?

Il en était autrement du titre d'écuyer. Pour le prendre validement, il fallait avoir fait preuve de sa noblesse devant certains fonctionnaires royaux, et quiconque s'en décorait sans autorité, devenait passible d'une forte amende.

De nombreux documents existent en France, à l'appui de cette assertion, mais en voici un particulier au Canada et que nous trouvons dans les archives du palais de justice de Montréal :

Extrait des Registres du Conseil d'Estat.

Le Roy estant informé que plusieurs habitants du païs de Canada ou Nouvelle France, s'ingèrent de prendre la qualité d'Escuyer dans les actes publics et judiciaires qu'ils passent, Ce qui est contraire à l'usage observé dans le Royaume où il n'y a que les véritables Gentilshommes qui puissent prendre cette qualité, a quoy Sa Majesté voulant pourvoir ;

Sa Majesté estant en son Conseil a fait très expresses deffenses aux habitans dudit païs de Canada ou Nouvelle France de quelque qualité ou condition qu'ils soient de prendre la qualité d'Escuyer dans tous les actes publics et autres qui seront par eux passéz, qu'ils ne soient véritablement gentilshommes et reconnus tels suivant les tiltres qui en seront par eux représentéz par devant le sieur de Meulles Intendant de Justice, Police et finances, audit païs, à peine de cinq cent livres d'amande aplicable aux hospitaux des Lieux ; Enjoint, Sa dite Majesté audit sieur de Meulles de tenir la main à l'exécution du présent arrest, quelle veult estre leu publié et affiché afin qu'aucun n'en prétende cause d'ignorance. Fait au Conseil d'Estat du Roy, Sa Majesté y estant, tenu à Versailles, ce quinzième avril M VIc quatre-vingt quatre, signé Colbert.

LOUIS par la grâce de Dieu, Roy de France et de Navarre, à nostre Cher et bien aimé Conseiller en nos Conseils, Intendant de Justice, police et finances en nostre pays de Canada, le Sieur de Meulles, SALUT; Nous vous mandons et Ordonnons par ces présentes signées de nostre main que l'Arrest dont l'Extrait est cy attaché sous le contrescel de nostre chancellerie, ce jourdhuy donné en nostre Conseil d'Estat nous y estant, vous fassiez exécuter de point en point, selon sa forme et teneur, Et Iceluy lire, publier et afficher partout ou besoin sera; Commandons au premier nostre huissier ou sergent sur ce requis de faire pour l'exécution d'iceluy tous actes et exploits nécessaires sans pour ce demander autre permission car tel est nostre plaisir. Donné à Versailles le quinzième avril 1684, et de nostre Reigne le quarante unième. Signé Louis, Et plus bas, par le Roy, Signé Colbert, et scellé en queue, de cire jaune.

*   *

JACQUES DE MEULLES, seigneur de la Source, chevalier conseiller du Roy en ses conseils, grand bailly d'Orléans, et Intendant de la Justice, Police et finances en Canada et païs de la Nouvelle France.

VEU l'arrest du Conseil d'Estat, du Roy, Sa Majesté y estant, tenu à Versailles le quinzième avril dernier, signé Colbert et commission sur icelle ledit jour à nous adressant et dont copie est cy devant Nous.

Ordonnons, conformément audit arrest que les habitants de ce païs qui prétendent estre noble, et qui prennent la qualité d'Escuyer, seront tenus d'aporter et mettre en nos mains dans six mois, les Tiltres en vertu desquels ils se disent escuyers pour estre par nous veus et examiner et ensuitte ordonné ce que de raison, et pour ceux qui pourroient avoir leurs tiltres en France leur accordons le temps de l'arrivée des vaisseaux de l'année prochaine sans que ce temps leur puisse donner aucun prétexte de prendre ladite qualité; et à faute par eux de satisfaire dans ledit temps, leur faisons deffenses de plus à l'avenir se dire ny prendre la qualité d'escuyer, à peine de cinq cent livres d'amande comme il est porté par ledit arrest; Mandons au Lieutenant général de la Prévosté de cette ville à celuy des Trois-Rivières et au Bailly de Montréal de faire lire, publier et registrer aux greffes de leurs Jurisdictions tant ledit Arrest, commission que nostre présente Ordonnance, et iceux faire afficher aux lieux et endroits accoutumez à ce qu'aucun n'en ignore. Donné à Québec, le dix octobre 1684. Signé De Meulles, Et plus bas est escrit : Par Monseigneur, Signé : Peuvret.

* * *

Veu par nous susdit Intendant l'arrest du Conseil d'Estat du Roy cy joint du quinziesme avril de l'année dernière et nostre Ordonnance au bas d'Iceluy du dix octobre ensuivant; Et estant de conséquence que les Peuples de ce païs qui prétendent estre nobles en ayent une entière connaissance pour y satisfaire dans ledit temps, Nous Ordonnons que de nouveau, lesdits Arrest, Commission et Ordonnance seront incessamment leus publiés et affichés tant en cette ville de Montréal qu'autres lieux nécessaires à ce qu'aucun n'en prétende cause d'ignorance; et ce à la diligence des Juges des lieux qui nous en certifiront;

Mandons, etc. Fait à Montréal, le deuxiesme may M VIc quatre vingt cinq.

DE MEULLES,

Par Monseigneur
PEUVRET.

* * *

Advenant la cession du Canada, le titre d'écuyer perdit de sa valeur, parce qu'en Angleterre, *esquire*, qui dérive du mot *es-*

cuyer (1), fut, au 18e siècle, abandonné aux propriétaires de bien fonds, non anoblis et, plus tard, à certains officiers de justice, puis à tous les bourgeois. (2)

E. Z. MASSICOTTE.

(1) Voir le dictionnaire Webster, édition Merriam et le Bulletin des recherches historiques, de 1897, p. 107, article de M. Sulte.

(2) A lire sur le même sujet : Faguet, *Propos littéraires*, 5e série, pp. 249 et suiv. le chapitre intitulé : *la Particule nobiliaire.*

PRINCIPAUX OUVRAGES CONSULTÉS

BACHELIN-DEFLORENNE. — Etat présent de la noblesse française, éditions de 1868 et de 1873-74. 2 vol.

BARTHÉLEMY. — Résumé de l'armorial général de M. d'Hozier. 1867. Paris. 1 vol.

BOUTON. — Nouveau traité du blason. 1863. Paris. 1 vol.

CHAMBOIS ET FARCY. — Recherches de la noblesse de Tours en 1609. 1 vol.

CHAMILLART. — Recherches de la noblesse. Généralité de Caen. 2 vol.

D'HOZIER. — Armorial général du Poitou. 2 vol.

GENOUILLAC. — Dictionnaire des fiefs de l'ancienne France. 1862. Paris. 1 vol.

GENOUILLAC. — Recueil d'armoiries des maisons nobles de France. 1ère série. 1 vol.

GILLES LE BOUVIER. — Armorial de France, Angleterre, Ecosse, etc. 1 vol.

Jugements et délibérations du Conseil souverain de la Nouvelle-France. 6 vol.

LAUBRIÈRE. — Armorial général de Bretagne. 1844. Paris. 1 vol.

MAGNY. — La science du blason, accompagnée d'un armorial général des familles de l'Europe, 1858.

Mémoires de la Société royale du Canada, 1882-1916.

MENESTRIER, R. P. — La méthode du blason, 1689. 1 vol.

Rapports du bureau des archives canadiennes.

N. B. — Voir, en plus, la liste publiée dans la première série.

BIENFAITEURS ET FONDATEURS
D'INSTITUTIONS RELIGIEUSES

d'AIGUILLON

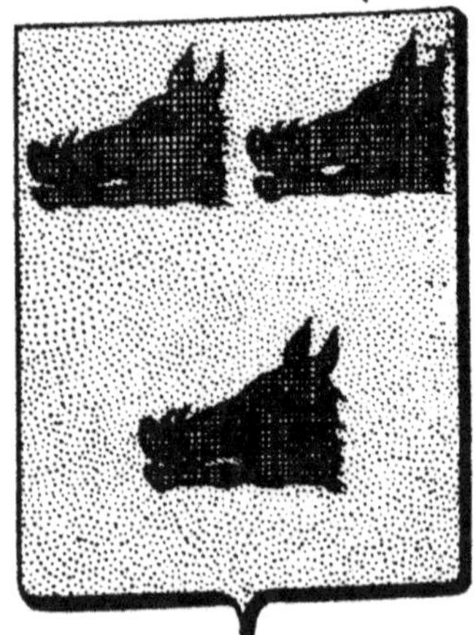

D'or, à trois hures de sanglier de sable.

(Dict. La Chesnaye-Desbois, vol. 19, p. 737).

AIGUILLON (Marie-Madeleine de Vignerot, duchesse d'). Nièce du cardinal Richelieu, elle fut dame d'atours de la reine de 1625 à 1631. Créée duchesse d'Aiguillon en 1638. Elle avait, en 1620, épousé Antoine de Beauvoir du Roure, seigneur de Combolet, mais mourut sans postérité, le 1er avril 1675. Fondatrice de l'Hôtel-Dieu de Québec.

BIBLIOGRAPHIE : Hist. abrégée de l'étab. de l'Hôtel-Dieu. — Dict. Guérin, supplément.

BRULART DE SILLERY

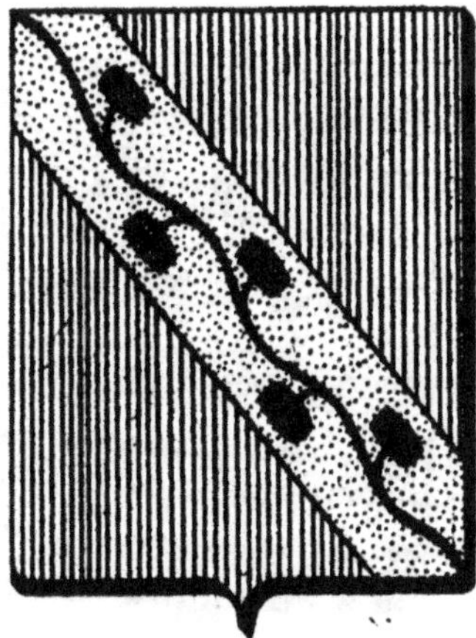

De gueules, à une bande d'or chargée d'une traînée de sable, accompagnée de cinq barillets de même.

(Ann. de la noblesse, 1845 et nobiliaire universel, vol. II).

BRULART DE SILLERY (Noël). "Noble Français, grand-croix de Saint-Jean de Jérusalem et commandeur du Temple de Troyes." Il fut ordonné prêtre en 1634, à un âge avancé. "C'est à ses frais que fut élevé, en 1637, l'établissement de Sillery, près Québec."

BIBLIOGRAPHIE : Guérin, Dictionnaire historique.

BULLION DE GALARDON

D'azur, au lion d'or, issant de trois fasces ondées d'argent.

(La Chesnaye-Desbois, IV, 500).

BULLION (Claude de), marquis de Galardon, mort en 1640. Il fut surintendant des finances sous Louis XIV, puis garde des sceaux. Le nom de Bullion est fameux dans notre histoire par les libéralités de Mme de Bullion, née Angélique Faure, envers l'Hôtel-Dieu de Montréal.

Des branches de la familles de Bullion portent: Ecartelé: aux 1 et 4 de Bullion, et aux 2 et 3 de Vincent, parce que le grand-père de Claude avait épousé une demoiselle Vincent.

BIBLIOGRAPHIE : Annuaire de Villemarie, I, 59.

LE ROYER DE LA DAUVERSIÈRE

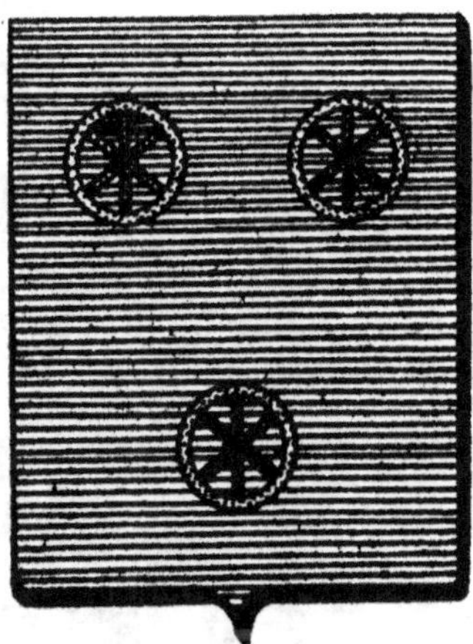

D'azur, à trois roues d'or.

(La Chesnaye-Desbois, XVII, 910, et Faillon, Mlle Mance, frontispice).

DAUVERSIÈRE (Jérôme le Royer de la). Né à la Flèche, en 1597, il exerça dans sa ville natale, la charge de receveur général du domaine du roi et René le Royer de Boistaillé, son frère, celle de juge au siège présidial. Fondateur d'un ordre d'Hospitalières, qui prit charge de l'Hôtel-Dieu de Montréal, il contribua également à la fondation de Villemarie.

"M. de la Dauversière est mort en saint, comme il avait vécu, le 6 novembre 1659."

BIBLIOGRAPHIE : Annuaire de Villemarie, I, 313, II, 3.

ROHAULT DE GAMACHE

De sable, à deux léopards d'or, posés l'un sur l'autre, armés et lampassés de gueules.

(Ann. de la nobl. 1880)

ROHAULT, marquis de Gamache (Nicolas). Fonda, à Québec, le collège des Jésuites à la demande de son fils René qui devait entrer dans la compagnie de Jésus... Ceci se passait en 1626 et, pour diverses raisons la fondation n'eut lieu qu'en 1635."

BIBLIOGRAPHIE : Frères des Ecoles Chrétiennes, Histoire du Canada (1914).

CLERGÉ

BERNIÈRES

Coupé : au 1, A, recoupé de gueules, à une étoile d'or et B, d'azur à trois croissants d'or ; au 2 d'argent, au léopard naissant de sable, armé et lampassé de gueules.

(Généralité de Caen. Recherches de la noblesse, par Guy Chamillard, III, 557).

BERNIÈRES (Abbé Henri de). Né à Caen, Normandie, en 1660. Curé de la cathédrale de Québec, 1660-1687. Premier supérieur du séminaire, 1665. Chanoine, grand vicaire et supérieur de plusieurs communautés. Mort le 4 décembre 1700.

BIBLIOGRAPHIE : Allaire, Diction. du Clergé.

CALONNE

D'azur, à deux aigles à deux têtes d'or, l'une au canton du chef senestre, l'autre en pointe, au franc quartier d'argent chargé d'un lion de
sable, armé et lampassé de gueules.

(Les Ursulines des Trois-Rivières, II, 437).

CALONNE (abbé Jacques-Ladislas-Joseph de). Né à Douai,
France, le 9 avril 1743, fils de Louis-Dominique de Calonne,
conseiller du roi et d'Anne-Henriette de Franqueville. Son frère,
ministre des finances sous Louis XVI, fut disgracié en 1789.
Après avoir été conseiller du roi au parlement de sa ville natale,
Jacques-Ladislas entra dans les ordres en 1776. Il quitta la
France pour l'Angleterre en 1789, passa au Canada en 1799 et
devint aumônier des Ursulines des Trois-Rivières en 1807. Il
mourut dans cette dernière ville le 16 octobre 1822.

BIBLIOGRAPHIE : Allaire, Dictionnaire du clergé (anciens). — Les
Ursulines des T. R. II, *passim*.

CARHEIL

D'argent, à deux corneilles essorées, affrontées de sable, membrées d'or, une molette de sable, en pointe.

(Genouillac, Rec. d'armoiries, p. 103).

CARHEIL (R. P. Etienne de). Né au château de Guichardaye, à Carentois, diocèse de Vannes, France, le 18 novembre 1633. Entra chez les Jésuites, à Paris, en 1653 ; ordonné vers 1666. Missionnaire à Québec, 1666-68 ; chez les Iroquois, 1668-83 ; chez les Outaouais, 1686-1704 ; à Québec, de 1704 à 1726 où il mourut le 27 juillet 1726. Ses lettres ont été publiées par le R. P. Orband.

BIBLIOGRAPHIE : Dallaire, Dict. du cl. can.-fr. (anciens), p. 96.

FORBIN-JANSON

D'or, au chevron d'azur, accompagné de trois têtes de léopard de sable, lampassées de gueules.

(Annuaire de la noblesse, 1845, p. 218).

FORBIN-JANSON (Charles-Auguste-Marie-Joseph de). Fils du comte de Forbin-Janson et de la princesse de Galéan, il naquit à Paris, le 3 novembre 1785. D'abord militaire, puis auditeur du conseil d'état de Napoléon 1er, il quitta la vie mondaine et fut ordonné prêtre en 1811. Evêque de Nancy en 1824. Prédicateur de retraites en Canada en 1840 et 1841, il a "laissé un souvenir durable de son passage." En 1842, il entreprit "le voyage d'Angleterre et d'Irlande en faveur des déportés canadiens de 1837, en Australie." Mort à Paris, le 11 juillet 1844.

BIBLIOGRAPHIE : Allaire, Dict. du clergé can.-fran. (anciens). — Dionne, Mgr de Forbin-Janson.

DE NOUE

Echiqueté d'argent et d'azur, au chef de gueules.

(D'Hozier, arm. gén. de France, reg. VII, 347).

NOUE (R. P. Anne de). Né le 7 août 1587. D'abord page et officier de la cour, il entra chez les Jésuites en 1612, puis passa au Canada en 1626. Missionnaire à divers endroits. Le 30 janvier 1646, accompagné de deux soldats et d'un Huron il quitta les Trois-Rivières en raquettes pour le fort Richelieu. La nuit arrêta leur marche. A deux heures du matin, le P. de Noue partit seul pour chercher du secours, Surpris par une tempête, il s'égara et on le trouva gelé à mort, le 2 février, les yeux ouverts, regardant le ciel, et les bras en croix sur la poitrine.

BIBLIOGRAPHIE : B. des r. h. XI, 30. — Allaire, Dict. du clergé canadien-français (anciens).

SAINT-PÉ

D'azur, au dextrochère d'argent tenant deux clefs du même posées
en sautoir; à la merlette de sable, soutenue par le panneton à dextre.

(Annuaire de la noblesse, Paris, 1874, p. 211).

SAINT-PÉ (R. P. Jean-Baptiste). Originaire du Béarn. Né
le 10 octobre 1686. Entra chez les Jésuites en 1703 et vint au
Canada en 1719. Il fut supérieur général de son ordre au Canada et en même temps recteur du collège de Québec de 1739 à
1748 et de 1754 à 1763, aussi supérieur local, à Montréal de
1748 à 1754 et de 1763 à 1765 alors qu'il se retira à Québec où
il mourut le 8 juillet 1770.

BIBLIOGRAPHIE : Allaire (anciens) 491 — Bul. des rech. hist. XIX,
302.

GOUVERNEURS GÉNÉRAUX ET GOUVERNEURS PARTICULIERS

REMY DE COURCELLES

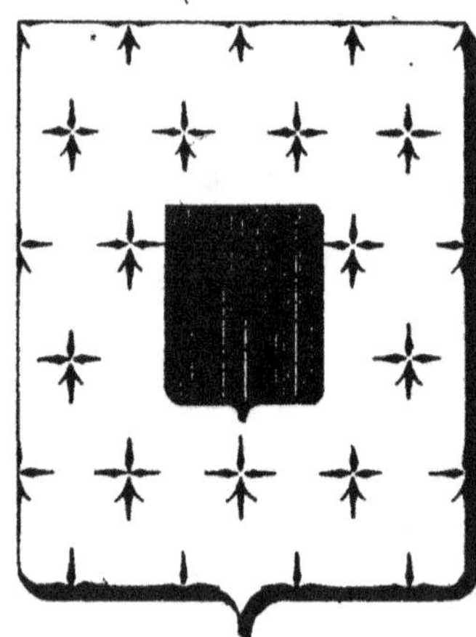

D'hermine, à un écusson de gueules.

(Sceau aux archives de Montréal et Magny, nobiliaire de Normandie,
I, 128).

REMY, sieur de Courcelles (Daniel de). Il était lieutenant
de roi à Thionville, lorsqu'il fut envoyé au Canada, en 1665, pour
succéder à M. de Mésy. Remy de Courcelles demeura en notre
pays jusqu'en 1672 alors qu'il retourna en France où il reçut
le commandement de Toulon. Mort le 24 octobre 1698.

BIBLIOGRAPHIE : Bulletin des rec. hist. XX, 257.

Nota. — Dans l'annuaire de Villemarie, I, 392 est le fac-similé d'une
plaque sur laquelle étaient gravées les armes de M. de Courcelles. Au
chef de l'écu, il y aurait eu un meuble ou une pièce que l'on ne peut
reconnaître.
Il n'y a rien de tel dans le sceau apposé par ce gouverneur sur un
document du 12 juillet 1670, conservé dans les archives judiciaires de
Montréal.
Dans le Bul. des rec. his., XX, 258, il est fait mention des armes
anciennes ou d'une autre branche des Remy.
On trouvera les armes des autres gouverneurs de la Nouvelle France
dans la première série de l'Armorial.

ANDIGNÉ DE GRAND-FONTAINE

D'argent, à trois aigles de gueules au vol abaissé, becquées et membrées d'azur.

(D'Hozier, Armorial de France, Reg. II, 1e partie, p. 9).

ANDIGNÉ DE GRAND-FONTAINE (Hector d'). D'une famille originaire d'Anjou et de Bretagne. Né le 7 mai 1627. Capitaine au régiment de Carignan, 1665. Lieutenant, puis capitaine de vaisseau. Gouverneur de l'Acadie, en 1667. Retourné en France, en 1675. Capitaine sur le *Glorieux*, vaisseau amiral sous d'Estrées à Cavenne, en 1676. Mort à Brest, le 6 juillet 1696.

BIBLIOGRAPHIE : Bulletin des recherches historiques, XIV, 89, et XXIII, 57.

CHOMEDEY DE MAISONNEUVE

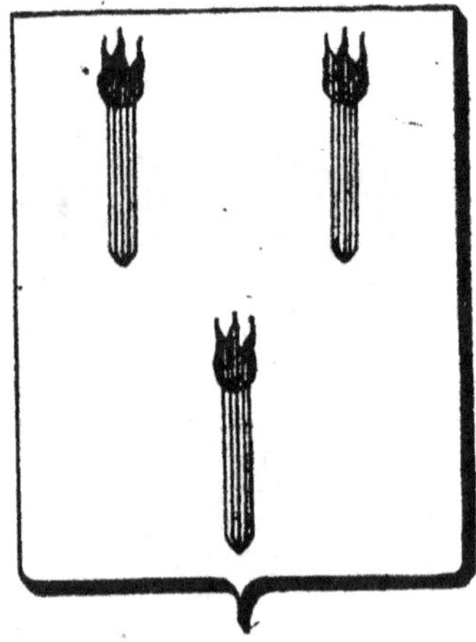

D'argent à trois flambeaux de gueules.

(Bulletin des recherches historiques, XXII, 289).

CHOMEDEY DE MAISONNEUVE (Paul de). Fonda la ville de Montréal en 1642 et en fut le gouverneur jusqu'en 1665 alors qu'il retourna en France. Mort à Paris, le 9 septembre 1676.

BIBLIOGRAPHIE : Rousseau, Histoire et vie de Paul de Chomedy de Maisonneuve, 1886. — Chouinard, Paul de Chomedy, sr de Maisonneuve, 1882, etc.

Nota.—D'après les fouilles faites par M. de Folleville à Paris, la branche des Chomedy de Maisonneuve qui paraît le plus rapprochée de celle du fondateur de Montréal portait: d'argent à trois flambeaux de gueules. Une autre branche portait: d'or à trois flammes de gueules (Le Héraut d'armes, Paris, I, 344). Nous adoptons les armes décrites en premier lieu, en attendant des renseignements plus précis. Voir sur M. de Maisonneuve et ses armes le Bul. des rech. hist., XXII, pp. 139 et 289.

FORANT

D'azur, à une sirène d'argent sur une mer de même; au chef cousu
de sable, chargé de trois étoiles d'or.

(Armorial de la Rochelle, 1697).

FORANT (Isaac-Louis de). Né vers 1686. Il entra dans la
marine en 1703. Enseigne le 1er novembre 1705; lieutenant le
25 novembre 1712; capitaine le 1er octobre 1731. Nommé gouverneur de l'Ile Royale, le 1er avril 1739. Décédé le 10 mai
1740. Dans son testament était une disposition pour "la fondation de huit places de pensionnaires chez les Sœurs de la Con-
grégation, en faveur des filles d'officiers de la colonie."

BIBLIOGRAPHIE : Archives canadiennes, 1904, voir index et pp. 290
et 293. — A. Jal, Dictionnaire critique de biog. et d'hist., p. 589.

LE MOYNE DE CHATEAUGUAY

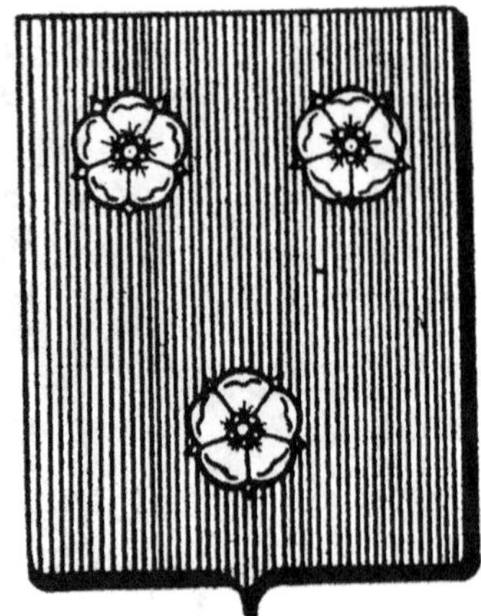

De gueules, à trois roses d'argent.

(Ann. de la nobl. 1868).

LE MOYNE DE CHATEAUGUAY (Antoine). Né à Montréal en 1683. Débuta comme garde-marine à Rochefort en 1698. Plus tard il passa à la Louisiane, à la Martinique, à Cayenne et à l'île Royale où il fut tour à tour, commandant, lieutenant de roi et gouverneur. Mort à Rochefort en 1747. Son fils, Jean-Baptiste fut tué à la Martinique en 1791. Les armes de cette branche des Le Moyne furent enregistrées à la Guadeloupe le 3 janvier 1771.

BIBLIOGRAPHIE : Jodoin et Vincent, Hist. de Longueuil, 159. — Tanguay, I, 379.

LENEUF DE LA POTHERIE

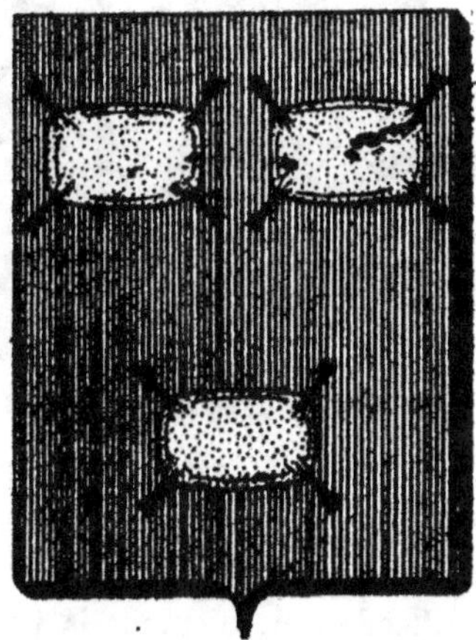

De gueules, à trois coussinets d'or, les houppes posées en sautoir.

(Chamillard, Rech. de la nobl. Généralité de Caen, 20).

LENEUF DE LA POTHERIE. Jacques, originaire de Caen, en Normandie. Frère cadet de M. Leneuf du Hérisson. Lieutenant de M. de Mésy. "Premier seigneur de Portneuf et ancêtre des Leneuf de la Vallière et de Beaubassin qui ont commandé dans l'Acadie." M. de la Potherie fut gouverneur des Trois-Rivières de 1645 à 1648 et de 1658 à 1662.

BIBLIOGRAPHIE : Tanguay, I, 381. — Sulte, chronique trifluvienne. — Sulte, Histoire des Canadiens-français, II, 54-60. — B. des r. hist., II, 66.

de RAMEZAY

D'azur, au bélier naissant d'or, accompagné de deux bandes d'or remplies de gueules et cantonné de quatre étoiles d'or. (1)

RAMEZAY (Claude de). Sieur de la Gesse, de Montigny et de Boisfleurant. Né à La Gesse, diocèse de Langres, le 15 juin 1659. Vint en la Nouvelle-France en 1685 avec M. de Denonville. Capitaine en 1687. Gouverneur des Trois-Rivières en 1690. Commandant des troupes du Canada en 1699. Chevalier de Saint-Louis en 1703. Gouverneur de Montréal en 1704. Mort à Québec le 1er août 1724. Il avait épousé, à Québec, le 8 novembre 1690, Marie-Charlotte Denis de la Ronde.

Son fils, J. B. N. Roch, né à Montréal le 4 septembre 1708, était lieutenant de roi à Québec, lorsque cette ville capitula en 1759.

BIBLIOGRAPHIE : P. G. Roy, La famille de Ramezay. — B. des rec. hist., XXIII, 355 et 372.

(1) Ce blason a été établi après comparaison entre les descriptions inexactes des armes de M. de Ramezay dont l'une se trouve dans un jugement du 1er juin 1701, insinué au Cons. Sup. de Québec, l'autre, dans Potier de Courcy, cité par l'Intermédiaire des cher. et cur. août, 1913, avec un sceau et des informations que nous a fournis, M. Xavier du Pavillon, de Puymesnil, France, descendant de J. B. Nicolas Roch de Ramezay.

COMMANDANTS

AMARITON

De gueules, au lion d'or ; au chef cousu d'azur chargé de trois étoiles d'or.

(La Chesnaye-Desbois, vol. Í, p. 406).

AMARITON (François). Commandant dans l'un des postes de l'ouest en 1725. Le roi lui accorda une gratification de 1200 livres pour le dédommager des dépenses qu'il avait encourues pour les Sauvages.

Il mourut à l'automne de 1732.

BIBLIOGRAPHIE : Correspondance générale du Canada, archives du Dominion, Ottawa.

D'ARTAGUIETTE D'IRON

Parti : au 1 d'azur à trois cannes, 1 et 2, contournées, noires et blan-
ches, celle du chef montrant son bec et les deux autres le cachant sous
leurs ailes; au II d'argent, chargé d'un loup passant de gueules.

(Annuaire de la noblesse, Paris, 1906).

D'ARTAGUIETTE D'IRON (Jean-Baptiste-Martin). Né le 5
novembre 1682. Ancien commissaire de la marine, l'un des di-
recteurs de la Cie des Indes. Mort à Paris le 24 février 1746.

Jean-Dominique, frère du précédent. Inspecteur des troupes
de la Louisiane en 1720, commandant à Mobile en 1724, lieutenant de roi en 1726. Le gouverneur de Bienville lui confia, en
1736, le commandement d'une partie de l'armée que l'on diri-
geait alors contre les Chicacas. M. d'Artaguiette remporta d'a-
bord du succès, mais il fut ensuite malheureux et tomba, avec
plusieurs officiers au pouvoir des naturels qui les torturèrent
cruellement. M. d'Artaguiette succomba en mars 1736.

BIBLIOGRAPHIE : Archives canadiennes, rap. Richard, p. 32. — Roy,
Famille Marisuchau d'Esgly, p. 8.

BENOIT

Ecartelé : aux 1 et 4 d'azur à l'aigle d'or ; aux 2 et 3 de gueules au sautoir tréflé et alaisé d'or.

(La Chesnaye-Desbois, II, 904).

BENOIT (Antoine-Gabriel-François). Né à Paris en 1715, il vint au Canada en 1735, avec le grade de cadet à l'aiguillette. Il épouse Mlle Leber de Senneville le 11 novembre 1743. Aide-major au fort St-Frédéric, en 1747, puis à Montréal en 1748, il est commandant au Lac des deux Montagnes en 1752 et au fort de la Présentation en 1754. Capitaine en 1757 ; blessé à Chouaguen en 1759 ; il est fait chevalier de Saint-Louis en 1761. Il mourut en France au début de l'année 1776.

BIBLIOGRAPHIE : Daniel, Grandes familles françaises. — Tanguay, II, 218.

DES HERBIERS DE L'ÉTENDUÈRE

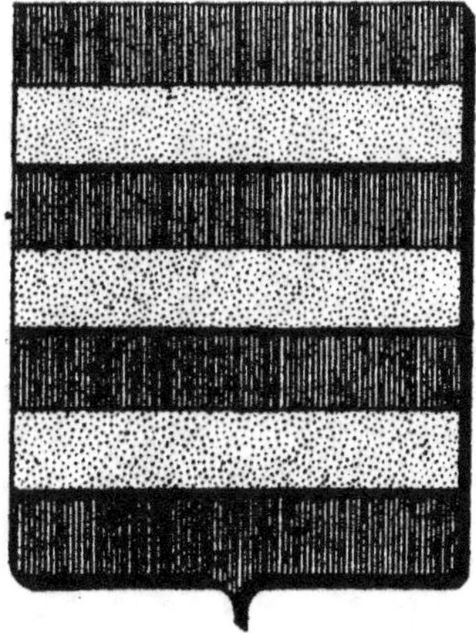

De gueules, à trois fasces d'or.

(D'Hozier, Armorial du Poitou).

DES HERBIERS DE L'ÉTENDUÈRE (Henri-François). Marquis. Né à Angers en 1682. 1697, garde marine ; 1703, enseigne de vaisseau ; 1705, lieutenant ; 1727, capitaine ; 1745, chef d'escadre. Mort le 26 mars 1750.

En 1749, il obtint pour son gendre, Charles des Herbiers de l'Etenduère, le commandement de l'Ile Royale.

BIBLIOGRAPHIE : Graincourt, Les hommes illustres de la marine française. — Bul. des rech. hist., XX, 53 et XXIII, 93.

LE GANTIER

De gueules, à 3 merlettes d'argent, à la cotice de même, brochant sur le tout.

(Recherches de la noblesse de Tours, 1666).

LE GANTIER, sieur de la Vallée-Rané (François). Fils de Louis Le Gantier et de Marguerite de Bongars, de la baronnie de Chartres, diocèse du Maine. Il épousa, à Montréal, le 28 novembre 1689, Marie Loisel, veuve de Pierre Roussel. A cette date, il commandait au fort de Lachine et signait *de Rané*. Inhumé au Détroit, le 13 novembre 1710.

BIBLIOGRAPHIE : Tanguay, I, 369.

LE POUPET DE LA BOULARDERIE

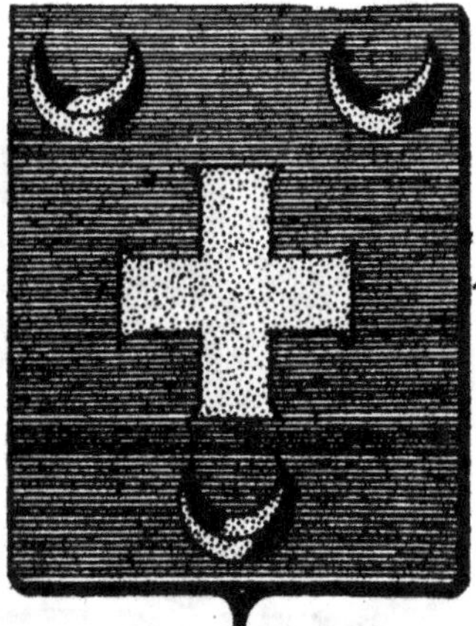

D'azur, à la croix pattée et alésée d'or accompagnée de trois croissants de même.

(Nobiliaire de Normandie).

LE POUPET DE LA BOULARDERIE, sieur de Saint-Aubin (Louis-Simon). Originaire de Normandie. Enseigne de vaisseau, capitaine dans les troupes. Le 20 novembre 1702, il épouse une Delle Melançon. De ce mariage naquit un fils, Antoine. M. de la Boularderie, père, reçut une seigneurie en 1719, à l'île Royale, il s'y établit et entreprit la construction des navires. Le 1er mars 1739, un ordre du roi donnait à M. de la Boularderie, fils, le commandement des terres et îles concédées au père, sous le commandement des officiers majors de l'île.

BIBLIOGRAPHIE : Arch. can. 1904, 263 et 1905, II, 43. — Le Pays Laurentien, Montréal, juin 1917.

de SABREVOIS

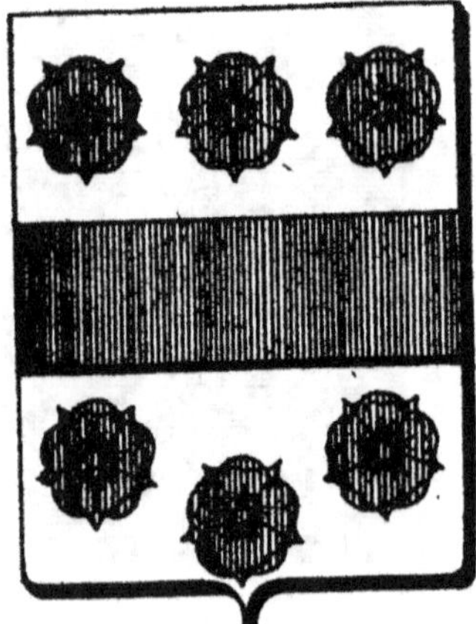

D'argent à la fasce de gueules, accompagnée de six roses du même, trois en chef et trois en pointe, ces dernières posées deux et une.

(La Chesnaye-Desbois, IV, et archives de la famille).

SABREVOIS (Jacques-Charles de). D'une famille originaire de Normandie, Jacques-Charles épousa, à Boucherville, en 1695, Jeanne, fille de Pierre Boucher de Grosbois et de Boucherville. Il fut lieutenant dans les troupes, commandant à Chambly et au Détroit, et chevalier de Saint-Louis. Un de ses fils, Clément, prit le nom de Sabrevois de Bleury et un autre, Christophe, celui de Sabrevois de Sermonville.

BIBLIOGRAPHIE : Nobiliaire de Normandie, I. — Archives de la famille C. Bouthillier de Sabrevois. — B. des rec. hist. X, 158.

du VAULT DE VALRENNE

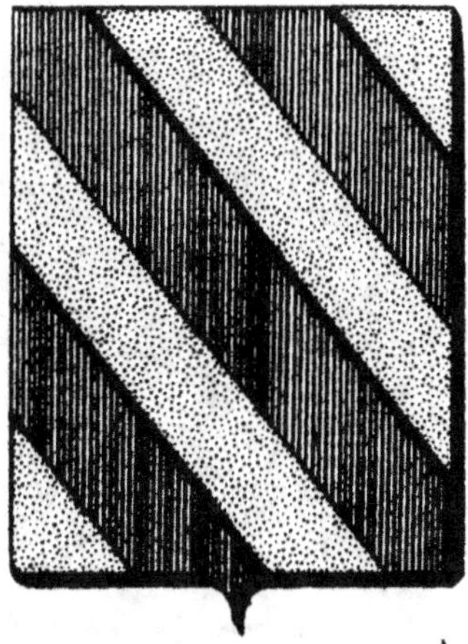

D'or, à trois bandes de gueules.

(Borel d'Hauterive, Arm. de France, II).

VAULT DE VALRENNE (Philippe Clément du). Capitaine.
Né en 1655, il passe dans la Nouvelle-France en 1685 et épouse,
à Québec, le 7 avril 1687, Jeanne Bissot. Il commanda au fort
Frontenac qu'il reçut ordre de faire sauter. Fut présent au
siège de Québec (1690) et, l'année suivante, remporta une bril-
lante victoire contre les Indiens et les Anglais près de Chambly.
Il se retira en France en 1698, rempli d'infirmités par suite de
ses longues et dures campagnes et mourut en 1708.

BIBLIOGRAPHIE : B. des rech. hist., XI, 193 et Tanguay, I, 223.

VENIARD DE BOURGMONT

D'azur, à un sauvage au naturel, assis sur une montagne d'argent.

(D'Hozier, Arm. de France, regis. I, 2e partie, p. 625 et Gheusi, Le blason héraldique, 137).

VENIARD DE BOURGMONT (Etienne de). Servit en Canada à partir de 1695. Enseigne, puis lieutenant, il commanda au Détroit, en l'absence de M. Lamotte-Cadillac, du 29 janvier au mois d'août 1706. Passa ensuite à la Louisiane, fut anobli en 1725 et devint chevalier de Saint-Louis.

BIBLIOGRAPHIE : Bulletin des recherches historiques, X, 158. — D'Hozier, ci-dessus cité.

VERGOR

D'argent, à quatre chevrons de gueules.

(Bachelin-Deflorenne, Etat de la noblesse française, 1873-4).

VERGOR (Louis Dupont du Chambon, sieur de). Commandant à Port Dauphin (île Royale) en 1742 et au fort de Beauséjour, en 1755. Il avait charge du poste de l'Anse au Foulon où les Anglais prirent pied, le 13 septembre 1759. Ce poste, on le sait, était mal gardé et Vergor se laissa surprendre par l'ennemi.

BIBLIOGRAPHIE : Dussieux, Le Canada sous la domination française, p. 171. — Tanguay, III, 490.

MILITAIRES, SEIGNEURS ET COLONS

d'AIGUEBELLE

D'or, au griffon de sable, becqué et membré de gueules, la queue pas-
sée entre les jambes et retroussée sur le dos.

(Genouillac, Recueil d'armoiries, p. 5).

AIGUEBELLE (M. d'). Capitaine des grenadiers du régiment
de Languedoc. Excellent officier, M. de Lévis le recommanda
pour une commission de lieutenant-colonel, en juin 1760.

La famille d'Aiguebelle, originaire du Dauphiné s'est éteinte
au XVIIIe siècle ; certaines de ses branches avaient adopté le
griffon d'or sur champ de gueules.

BIBLIOGRAPHIE : Lettres du chev. de Lévis. — Tanguay, III, 223.

Nota. — Tanguay, III, 223, le nomme D'aigrebelle, mais c'est une
erreur de lecture, vu que M. D'Aiguebelle signe bien lisiblement, le 20
juin 1757, à Notre-Dame de Montréal, au mariage de Léon de Castets
avec Marie-Amable Gamelin.

ALBERGATTI

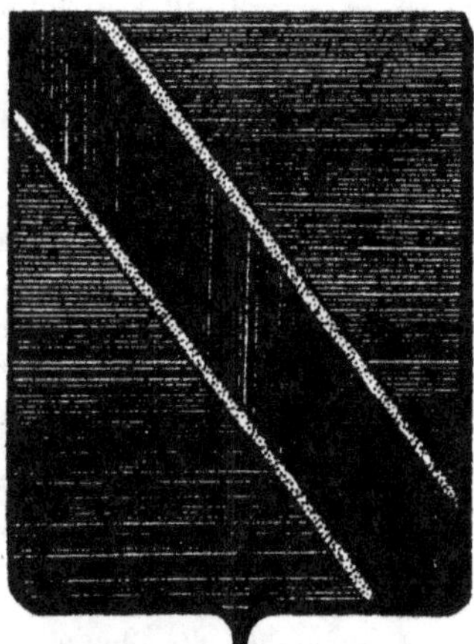

D'azur, à une bande de gueules bordée d'or.

(Magny, Science des Armoiries, vol. II, p. 255).

ALBERGATTI-VEZZA (François-Marie-Lucien, Marquis d').
"Défendit héroïquement avec 50 soldats et 150 miliciens, le fort
Jacques-Cartier en 1760." Le récit de son fait d'armes se trouve
dans l'Histoire du Cap Santé par l'abbé Gatien, édition Gosse-
lin, p. 52.

BIBLIOGRAPHIE : Tanguay, II, 26. — Roy: Famille Aubert de Gaspé,
pp. 53-54.

d'ALEYRAC

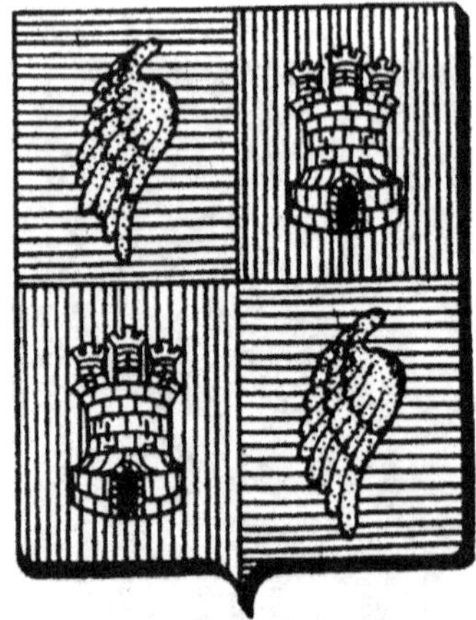

Ecartelé : les 1 et 4 d'azur chargés d'un demi-vol abaissé dextre éployé d'or et les 2 et 3 de gueules à une tour donjonnée de trois pièces d'argent maçonnée de sable.

(La Chesnaye-Desbois, I, 326).

ALEYRAC (Jean-Baptiste d'). Né à Saint-Pierre-Ville, le 29 avril 1737, il servit dans les troupes du Canada à partir de 1755 et fut blessé aux deux batailles de Québec.

Avant la mêlée générale à Sainte-Foye, il empêcha le chevalier de Lévis, son général d'être pris ou tué par l'ennemi, en combattant vaillamment avec 28 grenadiers qu'il commandait contre environ 100 agresseurs.

BIBLIOGRAPHIE : La Chesnaye-Desbois ci-dessus cité.

d'ALZATE D'URTUBIE

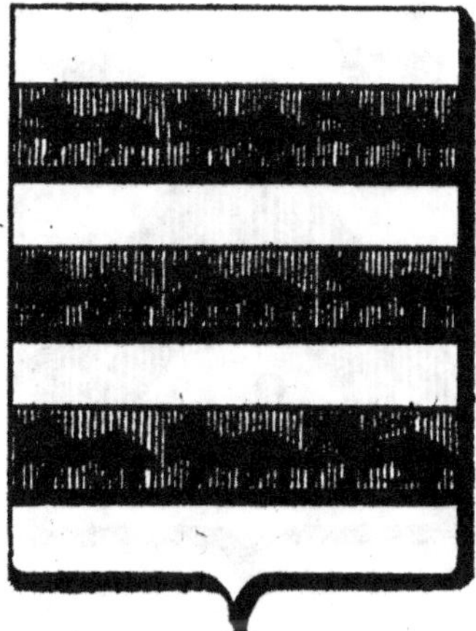

D'argent, à trois fasces de gueules chargées chacune de trois loups passant de sable.

(La Chesnaye-Desbois, I, 399).

ALZATE D'URTUBIE (Antoine François d'). Lieutenant au régiment de la Sarre, infanterie, il vint au Canada en 1755 et servit dans l'armée.

BIBLIOGRAPHIE : La Chesnaye-Desbois, *loc. cit.*

d'AUMONT DE SAINT-LUSSON

D'argent, au chevron de gueules accompagné de trois merlettes du même.

(Gilles Le Bouvier, Hérault d'Armes, 195).

AUMONT DE SAINT-LUSSON (François-Simon d'). Originaire de Picardie. Epoux de Marguerite Bérin. En 1668, il figure dans une cause, devant le Conseil Souverain, comme associé de Guillaume Fournier, seigneur du fief Hébert. En 1670, l'intendant Talon, commissionne M. d'Aumont de prendre possession du pays près du lac Supérieur.

BIBLIOGRAPHIE : Edits et Ordon. II, 46. — Jug. et dél. du C. S., I, 485. — Tanguay, I, 159. — Gravier, Cavelier de la Salle, 31.

BACHOIE DE BARANTE

D'or, à un chevron de gueules, accompagné en chef de deux pigeons de sable et, en pointe, d'une rose tigée et feuillée de même.

(Bachelin-Deflorenne: Etat présent de la noblesse franç. en 1873-74).

BACHOIE, sieur de Barante (Jean-Pierre). Né en 1723, à Charlemont, il passa au Canada en qualité de 1er capitaine au régiment de Béarn et épousa, à Montréal, le 15 décembre 1755, Anne-Marguerite Soumande, veuve de Joseph Coulon de Villiers, sieur de Jumonville.

M. Bachoie de Barante fit la campagne avec son régiment et mourut en 1760 de blessures reçues en combattant.

BIBLIOGRAPHIE : Tanguay, II, 95. — Lettres du chevalier de Lévis.

BAUGY

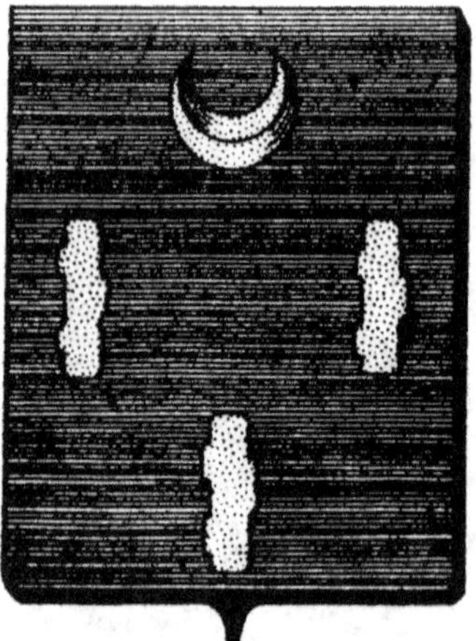

D'azur, à trois chicots d'or surmontés d'un croissant de même.

(D'après un sceau reproduit sur le frontispice du journal d'une expédition de M. de Baugy contre les Iroquois).

BAUGY (Louis-Henri de). Fils de Guillaume de Baugy, conseiller du roi et capitaine de chevaux légers; Louis-Henri fut chevalier, seigneur de Villecien, Villevallier, Fay et autres lieux. Il vint au Canada avec M. de Denonville et a laissé un journal d'une expédition contre les Iroquois, à laquelle il prit part en 1687. Mort à Paris, le 19 février 1720.

BIBLIOGRAPHIE : Journal d'une expédition contre les Iroquois en 1687, rédigé par le chevalier de Baugy, aide de camp de M. le marquis de Denonville. Lettres et pièces relatives au fort Saint-Louis des Illinois. Publié par Ernest Serrigny, ancien magistrat, etc. Paris, 1883, 1 vol. in-12, 210 pp.

BERTHÉ

D'argent, à trois merlettes de sable.

(Recherches de la noblesse de Tours, 1666, p. 78)

BERTHÉ DE CHAILLY ET DE LA JOUBARDIÈRE (Gabriel de). Le 30 juillet 1672, il reçut avec son frère Louis, du Séminaire de Saint-Sulpice, le fief de Bellevue, sis au haut de l'île de Montréal. M. Gabriel de Berthé qui fut enseigne de la compagnie de M. Perrot, y avait à cet endroit un poste de traite depuis 1670 et il y faisait le commerce avec les Sauvages. Il fut mêlé à la fameuse querelle Frontenac-Perrot et vendit son fief à Lenoir dit Rolland en 1675. On le trouve à Lachine, en 1683.

BIBLIOGRAPHIE : Sulte, Fort de Frontenac, 76, 77. — Sulte, Régiment de Carignan, 78. — Jug. et del. du C. S., 1er juin 1674. — Tanguay, I, 161.

BILLY

Vairé d'or et d'azur à deux fasces de gueules.

(Mailhol, Dict. de la nobl. f., I, 437).

BILLY (Jean-François de). D'une famille originaire du Soissonnais et qui a fourni un grand nombre de branches répandues en Poitou, Picardie, Ile de France, etc. Jean-François passa au Canada, en 1672, avec sa femme, Catherine-Marguerite de la Marche et il s'y fixa. Sa descendance a adopté le surnom de Courville.

BIBLIOGRAPHIE : Tanguay, I, 52. — Dict. La Chesnaye-Desbois, III, 287.

3

BONNE DE MISELLE

De gueules, au lion d'or, au chef cousu d'azur, chargé de trois roses d'argent.

(Courcelles, Histoire des pairs de France, IV).

BONNE DE MISELLE (Louis de). Né le 15 janvier 1717. Capitaine au régiment de Condé. Chevalier de Saint-Louis. Cousin du gouverneur de la Jonquière. Il avait épousé, à Montréal, Marie-Louise, fille de Louis Prudhomme, colonel des milices de Montréal, le 14 juillet 1751. Il fut tué au siège de Québec, en 1759.

BIBLIOGRAPHIE : Tanguay, III, 264. — Etude de Danré de Blanzy, 10 juillet 1751.

BOUCHEL D'ORCEVAL

D'azur, semé de trèfles d'argent, au lion passant aussi d'argent, brochant sur le tout.

(La Chesnaye-Desbois, III, 640).

BOUCHEL D'ORCEVAL (Jacques-François). Chevalier, mousquetaire de Sa Majesté, lieutenant de cavalerie et avocat de Paris, il épousa, à Québec, Françoise Cardinet, le 28 octobre 1734. Son père était conseiller du roi, lieutenant-général des eaux et forêts du duché de Valois et avocat au Grand Conseil. Jacques Bouchel est mort à Québec.

BIBLIOGRAPHIE : B. des rech. hist., XIV, 186. — Tanguay, II, 373.

BRAGELONGNE

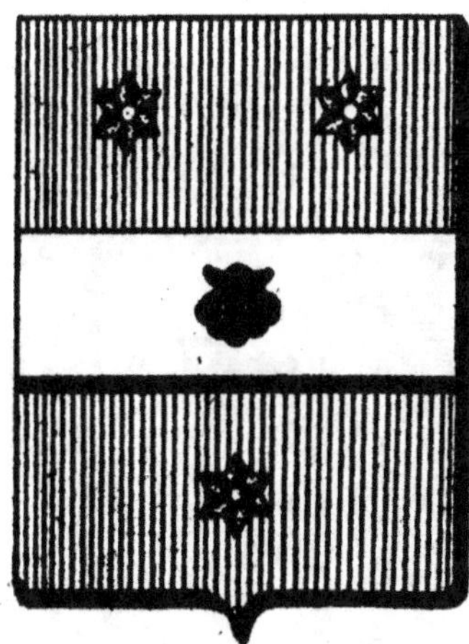

De gueules, à la fasce d'argent chargée d'une coquille de sable et accompagnée de trois molettes d'or.

(Annuaire de la noblesse, 1859 et 1874).

BRAGELONGNE (Charles-Théodore de). Cet officier servit dans l'armée, au Canada, vers 1732. Il passa, ensuite, à la Guadeloupe.

Un M. de Bragelongne, enseigne de la Cie de M. de la Durantaye était au Canada en 1698. Un capitaine Etienne de Bragelongne épousa à Montréal en 1719, Barbe Margane de la Valtrie.

Cette famille originaire de Paris était alliée au gouverneur de Montmagny, à la Grange-Trianon, beau-père de Frontenac et aux Phelypeaux.

BIBLIOGRAPHIE : Ann. de la noblesse, 1859. — Tanguay, I, 162 et II, 449.

COUILLARD DE BEAUMONT

D'azur, au cerf d'argent, ramé d'or, onglé de même.

(Couillard, Histoire des seigneurs de la riv. du sud).

COUILLARD DE BEAUMONT (Charles). Né à Québec, le 10 mai 1647, fils de Guillaume Couillard et de Marie-Guillemette Hébert. Enseigne, puis capitaine dans les troupes, seigneur des fiefs des Islets et de Beaumont. Les lettres de noblesse accordées à son père en 1654 furent renouvelées en 1668 pour lui et son frère aîné. M. de Beaumont s'allia à demoiselle Marie Pasquier de Franclieu et à demoiselle Louise Couture. Mort à Beaumont, le 7 mai 1715. Nombreuse descendance.

BIBLIOGRAPHIE : Couillard, La première famille, etc., et Histoire des Seigneurs de la Rivière du Sud.

DAGNEAUX-DOUVILLE

D'azur, à trois agneaux d'argent.

(Annuaire de la noblesse, 1866, 424).

DAGNEAUX, sieur Douville (Michel). Officier dans les troupes, il épousa, à Sorel, le 18 mai 1688, Marie Lamy. Il est l'ancêtre des Dagneaux-Douville, de la Saussaye, de Quindre et de Fontenay. Ses services lui valurent la concession d'une seigneurie près du lac Champlain. Famille de Normandie.
Sépulture à Montréal, le 24 mars 1753.

BIBLIOGRAPHIE : Tanguay, III, 217.

DOUGLAS

D'argent, au cœur de gueules, couronné d'or, au chef d'azur chargé de trois étoiles d'or.

(La Chesnaye-Desbois, VI, 989).

DOUGLAS (Jean-Louis de). Chevalier de Saint-Louis, il vint au Canada en 1665 en qualité de lieutenant dans le régiment de Carignan.

François-Prosper, comte de Douglas, chevalier et capitaine au régiment du Languedoc, épousa, à Montréal, le 13 avril 1757, Charlotte de la Corne Saint-Luc, petite fille de M. de Ramezay.

Louis-Archambault, comte de Douglas, fils du précédent et né à Montréal (Canada), hérita du titre de son oncle, comte et seigneur de Montréal en Bugey.

Les Douglas de France étaient originaires d'Ecosse. Ils reçurent, au XVe siècle, la duché-pairie de Touraine. Une branche de la famille s'établit en Bugey et nomma son comté Montréal.

BIBLIOGRAPHIE : Ann. de la nobl. 1843-1844-1861. — Nobil. universel, vol. II. — Tanguay, III, 439. — Bul. des rech. hist., VII, 221, XVII, 195. — Daniel, Nos gl. nat., II, sup. 13.

de DOUHET

Ecartelé : aux 1 et 4 d'azur, à la tour d'argent maçonnée de sable ;
aux 2 et 3, de gueules, à la licorne d'argent.

(Genouillac, Recueil d'armoiries, p. 167).

DOUHET, sieur de Larivière, dit de Lestang (Jean de). Originaire de Saint-Michel, diocèse de Limoges, il épousa, à Contrecœur, le 4 novembre 1686, Marie-Jeanne Jarret de Verchères.
Il fut tué par les Agniers en décembre 1687.

BIBLIOGRAPHIE : Tanguay, I, 164. — Bul. des recherches historiques,
XIV, 241.

DU MESNIL-URRY

De sable, fretté de six pièces d'argent.

(Chamillard, Recherches sur la nobl. Généralité de Caen).

DUMESNIL-URRY (Jacques). Né en 1638 à Saint-Loir, Normandie. Capitaine dans les troupes. Marié à Marguerite Chabert de la Charrière, à Québec, le 17 septembre 1668. Leur fils, Daniel, né en 1670 eut pour parrain, le gouverneur de Cour-. celles.

BIBLIOGRAPHIE : Tanguay, I, 214., Bull. rech. hist., XXII, 244.

DES GOUTTES

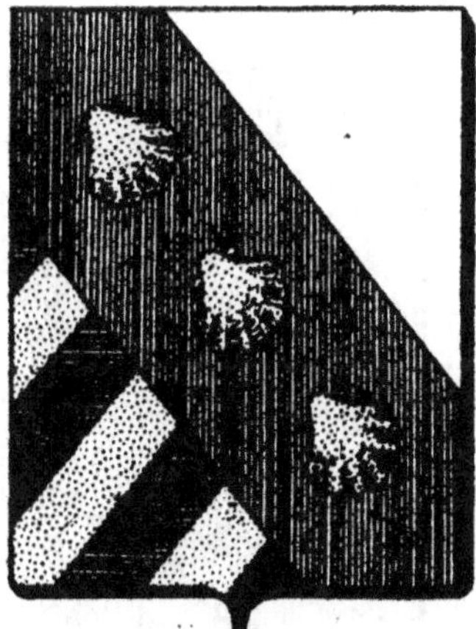

Tiercé en bandes, le premier d'argent; le deuxième de gueules à trois coquilles d'or; le troisième d'azur à trois barres d'or.

(B. des rech. hist., XX, 160 et Géliot, Vraye science, II, 630).

DES GOUTTES (Anne-Henri, comte). Lieutenant de vaisseau; il fit plusieurs voyages entre la France et le Canada, de 1726 à 1731. En 1726, ce fut son navire qui transporta le marquis Charles de Beauharnois nommé gouverneur général et le nouvel intendant Claude-Thomas Dupuy qui venaient prendre possession de leurs postes. M. des Gouttes reçut des gratifications royales en 1727 et 1729.

BIBLIOGRAPHIE : Bulletin des recherches historiques, XX, 160.

DUPONT DE JONCHÈRES

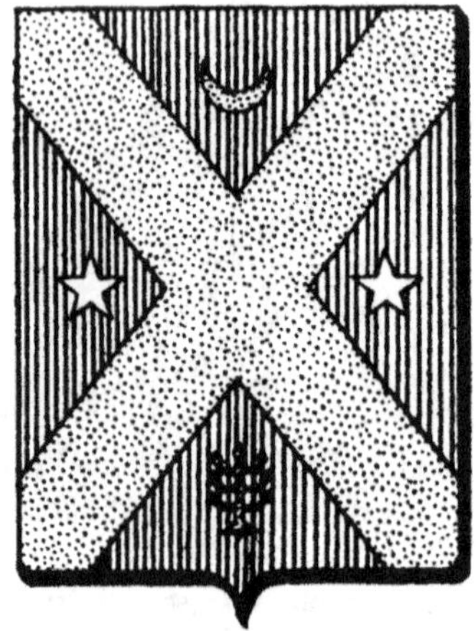

De gueules, au sautoir d'or, accompagné de deux étoiles d'argent;
un croissant d'or en chef et un créquier, aussi d'or, en pointe.

(B. des rech. hist., XV, 382).

DUPONT DE JONCHÈRES (Balthazar). Il servit dans le régiment de Guyenne et forma le dessein d'incendier l'escadre anglaise qui bloquait Québec en 1759. Il aurait réussi sans un
déserteur qui prévint les Anglais. Dans cette action Dupont fut
mortellement blessé.

BIBLIOGRAPHIE : B. des rech. hist., XV, *loc. cit.*

D'ESCAYRAC

D'argent, à trois bandes de gueules et un chef d'azur, chargé de trois étoiles d'or.

(D'Hozier, Arm. gén. de France, I, 213).

D'ESCAYRAC DE LAUTURE (Pierre). Capitaine d'un détachement de marine. Il épousa, à Québec, le 27 novembre 1687, Marie-Gabrielle Denis.

Cette famille, originaire du Quercy, compte encore des représentants en France.

BIBLIOGRAPHIE : Tanguay, I, 186. — Daniel, Nos gloires nationales, II, sup. 16.

Nota. — Mgr Tanguay écrit: Pierre Descayrac de l'Autheur, sieur de Beau et dit que son père était seigneur de Laval.

FRETÉ

D'hermine, fretté de gueules de six pièces.

(D'Hozier, Armorial du Poitou, vol. I, p. 261).

FRETÉ (François). Né en 1668 à la Motte-Sainte-Héraye, évêché de Poitiers, il paraît s'établir d'abord, dans la Nouvelle-Angleterre où il aurait épousé Marguerite du Poitiers du Buisson, puis il vient résider à Montréal avec sa famille en 1699. Il est l'ancêtre des familles Ferté et Forté.

BIBLIOGRAPHIE : Tanguay, I, 242 et Bul. des rech. hist., XXII, 275.

GUY

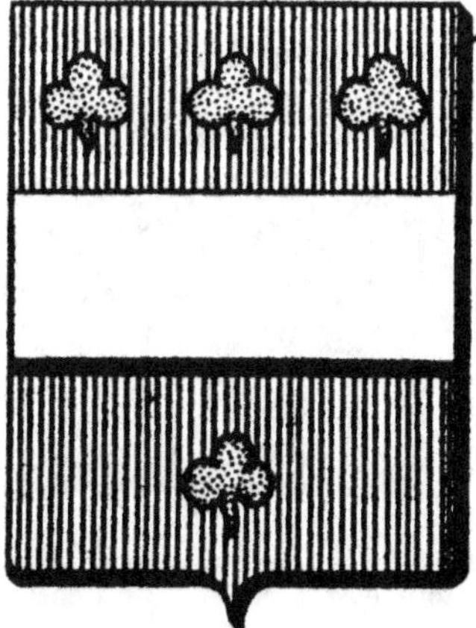

De gueules, à la fasce d'argent accompagnée de quatre trèfles d'or, trois en chef et un en pointe.

(Daniel, Nos gl. nat. II, 241).

GUY (Pierre-Théodore). Fils de Nicolas, grand chambellan du roi, il naquit le 5 mai 1701. Arrivé au Canada au début du XVIIIe siècle, il s'occupa de commerce de fourrures tout en servant dans l'armée, car il était enseigne en 1726, lieutenant en 1731 et capitaine en pied en 1748, année de sa mort. Son fils, Pierre, né en 1738, mort en 1812 fut colonel dans la milice.

BIBLIOGRAPHIE : Daniel, Nos gl. nat., *loc. cit.* — Tanguay, IV, 426.

JACAU DE FIEDMONT

Coupé d'argent et de sinople, au serpent lové de l'un en l'autre, accompagné d'une étoile d'azur naissante du chef.

(Bulletin des recherches historiques, V, 174).

JACAU DE FIEDMONT (Louis-Thomas). " D'abord enseigne
de la compagnie des canonniers bombardiers de l'Ile Royale, en
1748, puis enseigne de celle du Canada en 1750 ; lieutenant
en 1753, capitaine en 1759, il devint chevalier de Saint-Louis
en 1760."

Alors que tout le monde s'accordait à abandonner Québec aux
Anglais " un des officiers de la garnison, M. de Fiedmont, dont
le nom mérite d'être conservé, fut d'avis dans le Conseil de
guerre qu'on se défendit jusqu'à la dernière extrémité."

BIBLIOGRAPHIE : Daniel, Nos gl. nationales, II, 365. — Garneau,
Hist. du Canada, II, 346, 4e édit.

LA HONTAN

D'argent, à l'ormeau de sinople.

(Jouffroy d'Eschavannes, Armorial universel, vol. II).

LA HONTAN (Louis-Armand de Lom d'Arce, baron de). Chevalier de l'Ordre de Notre-Dame du Mont Carmel et capitaine. Né le 9 juin 1666. Il vint au Canada en 1683 et prit part à plusieurs expéditions. Le 16 octobre 1691, il était parrain à Québec. Nommé lieutenant de roi à Terreneuve en 1693, une difficulté s'éleva aussitôt entre lui et le gouverneur et il passa en France. Apprenant qu'on devait l'arrêter, il se réfugia en Espagne, puis dans le Hanovre où il demeura jusqu'à sa mort survenue vers 1715. Auteur d'un ouvrage fameux, intitulé : *Nouveau voyage dans l'Amérique septentrionale.*

BIBLIOGRAPHIE : Tanguay, I, 338. — J.-Ed. Roy, Le baron de Lahontan, Mem. soc. roy., Can. 1894, p. 63.

LA MOTHE DE JOURDIS

D'argent, à un lion de sable, armé et lampassé de gueules, à une bordure engrelée de même.

(Borel d'Hauterive, Armorial de France, II).

LA MOTHE, marquis de Jourdis (Claude de). Fils de Jacques et de François de Bonneville de Saint-Leu, en Picardie. Né en 1647, il épouse, à Lachine, le 12 novembre 1685, Françoise Sabourin. Il fut inhumé à Lachine, le 23 février 1687.

BIBLIOGRAPHIE : Tanguay, I, 169.

LANGY DE MAISONNEUVE

D'argent, à une bande d'azur.

(D'Hozier; Arm. du Poitou, I, 133).

LANGY DE MAISONNEUVE (Léon de). Fils de Pierre Le-
vraux de Langy, sieur de Maisonneuve et d'Anne Aigron, de
Notray, diocèse de Poitiers. Le 25 novembre 1705, il épousa
Marguerite Trottier, à Batiscan.

Des MM. de Langy ont fait la guerre de partisans durant les
dernières campagnes, en Canada, sous Montcalm et se distin-
guèrent au point de mériter les louanges de M. de Lévis.

BIBLIOGRAPHIE : Tanguay, I, 346. — Journal de M. de Lévis.

de la ROCHE-VERNAY

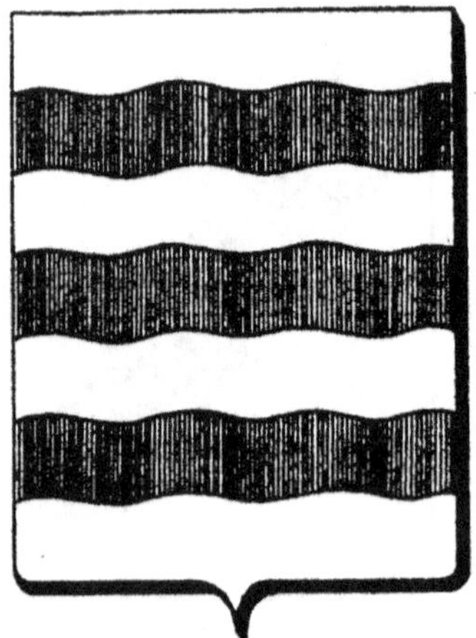

D'argent, à trois fasces ondées de gueules.

(Recherches de la noblesse de Tours, en 1666, p. 665).

la ROCHE-VERNAY (Charles-René de). Né en 1728 ; fils d'Armand-Charles de la Roche, seigneur de Vernay, diocèse de Tours. Chevalier et capitaine des troupes en Canada, il épousa, à Montréal, le 2 avril 1755, Geneviève, fille de Paul Marin de la Malgue, officier estimé. Il séjourne au Détroit en 1756 et 1757, puis vient résider à Montréal jusqu'à la cession.

BIBLIOGRAPHIE : Tanguay, III, 295.

LE GOUÈS DE GRAIS

D'azur, à trois soleils d'or.

(Chamillard, Recherches sur la noblesse, Généralité de Caen).

LE GOUÈS DE GRAIS (Louis-Joseph). Chevalier, seigneur de Gouès, évêché de Bayeux. Capitaine dans les troupes. Il épouse à Québec, le 29 janvier 1694, Marguerite Le Gardeur de Tilly. " Deux ans après son mariage, il prit part à l'expédition de M. de Frontenac contre les Iroquois... M. Le Gouès mourut à Batiscan le 9 décembre 1700." Sa veuve convola avec Pierre de Saint-Ours, à Batiscan en 1708.

BIBLIOGRAPHIE : Tanguay, I, 371. — Roy, La famille Juchereau Duchesnay, p. 64.

Nota. — Chamillard écrit : Le Gouez de Graye.

LE MERCIER

D'azur, au chevron d'argent, accompagné de deux étoiles en chef et d'un cœur en pointe, le tout d'or.

(Laubrière, Armorial général de Bretagne, p. 208).

LE MERCIER DE BEAUREPOS (Olivier). Lieutenant de M. de la Chassaigne, il était à Laprairie en 1688 et à Lachine en 1689 et signe dans les actes à ces endroits : chevalier de Beaurepos. Sa famille habitait la Bretagne.

BIBLIOGRAPHIE : Tanguay, I, 161 et 377.

Nota. — Un autre chevalier LeMercier, mais originaire de Normandie et arrivé en 1740, fut commandant de l'artillerie en Canada et l'un des associés de l'Intendant Bigot.

LEMOINE DES PINS

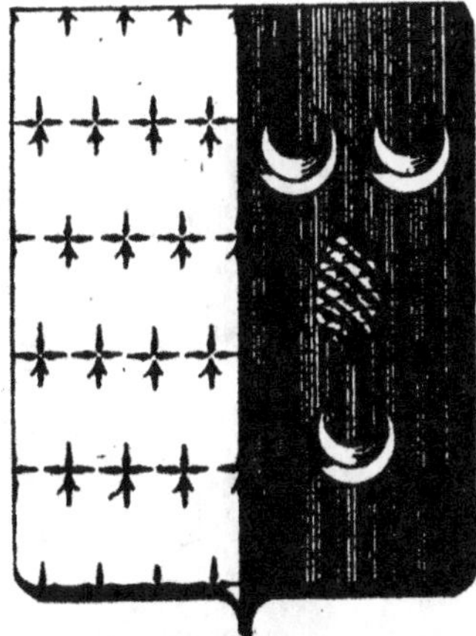

Parti : au 1 d'hermine ; au II de gueules à trois croissants d'argent et une pomme de pin de même en abîme.

(Sir J. Lemoine, Mémoire de famille).

LEMOINE DES PINS. Jean Lemoine, époux de Marie-Madeleine de Chavigny reçut en 1669, de M. de Courcelles le fief de Sainte-Marie et l'île des Pins, entre les seigneuries de Batiscan et de Ste-Anne de la Pérade. Un de ses fils prit le nom de Lemoine-Monier et un autre Lemoine des Pins. Jacques-Joseph Lemoine des Pins qui épousa en 1747, Marie Guyon et en 1755 Marguerite Rocbert de la Morandière fut un négociant fameux. Etant chargé de la fourniture des vivres à Montréal durant les dernières années du régime français, on l'accusa de complicité avec Bigot et consorts, mais jugement ne fut pas prononcé contre lui.

BIBLIOGRAPHIE : Tanguay, I, 379 et V, 336, etc. — Titres et doc. seig. 1852, p. 29. — Lemoine, Mémoire de famille. Edition intime, (25 exemplaires) signé J. M. L. Spencer Grange, 1er janvier 1881.

L'ESTRINGANT DE SAINT-MARTIN

De gueules, au sautoir d'argent.

(Laubrières, Arm. génl. de Bretagne).

L'ESTRINGANT DE SAINT-MARTIN (Joseph-Alexandre de).
Fils de Nicolas de L'Estringant et d'Anne Jacquier de Saint-Benoit-le-Fleury sur Loire. Venu au Canada en qualité de capitaine dans les troupes, il épousa, à Montréal, le premier septembre 1694, Madeleine-Louise Juchereau de Saint-Denis.

BIBLIOGRAPHIE : Tanguay, I, 175 et 388. — Roy, Famille Juchereau
Duchesnay, 145.

de LORIMIER

D'argent, à deux haches d'armes, de gueules, posées en sautoir.

(Bulletin des recherches historiques, XXI, 10).

LORIMIER, Sr de Boynes (Guillaume). Capitaine dans la marine royale, il vint au Canada en 1685 avec son fils Guillaume, sieur des Bordes qui épousa Marguerite Chorel de St-Romain, à Champlain, en 1695.

Ce dernier se fixa au pays. Plusieurs de ses descendants ont eu une remarquable carrière militaire ou se sont distingués dans la magistrature et dans les professions libérales.

BIBLIOGRAPHIE : B. des rech. hist., XXI, 10. — Tanguay, I, 176.

de LUSIGNAN

Burelé d'argent et d'azur de dix pièces.

(Jouffroy d'Eschavannes, Armorial universel, II).

LUSIGNAN (Paul-Louis de). Capitaine dans la marine royale, il épousa, à Champlain, en 1689, Jeanne Baby, fille de Jacques Baby, fondateur de la famille de ce nom, en ce pays.

Il mourut avant 1695.

Louis-Antoine Dazemard de Lusignan, sous-lieutenant, épousa à Québec, en 1754, Louise-Gilette d'Avennes des Méloises. Il retourna en France après la conquête et devint gouverneur de la Guyane.

BIBLIOGRAPHIE : Tanguay, I, 400. — Bul. des rech. hist., XIII, 181.

MALERAY DE LA MOLLERIE

De gueules, à une bande d'argent chargée de trois molettes de sable.

(D'Hozier, Armorial génl. du Poitou, I, 168).

MALERAY DE LA MOLLERIE (Jacques). Officier dans les troupes, il épousa, à Montréal, le 7 janvier 1687, Françoise Picoté de Belestre. Jean Dailleboust d'Argenteuil le tua d'un coup d'épée, rue Saint-Paul, à Montréal, le 15 décembre 1714.

Jacques, fils du précédent, né à Montréal en 1689, tua un nommé Fustel d'un coup d'épée, à l'auberge du *Signe de la Croix*, rue Saint-Pierre, à Québec, en 1717. Il fut absous en 1720.

BIBLIOGRAPHIE : Tanguay, I, 406. — Bul. des rech. hist., VII, 185, 209. — Archives canadiennes, 1899, p. 531.

MÉZIÈRES

D'or, au lion de sable, couronné de même, armé et lampassé de gueules.

(Magny, Nobiliaire de Normandie, I, 107. — Genouillac, Recueil d'armoiries, 328).

MÉZIÈRES, sieur de l'Epervanche (Charles-François). Officier et chevalier, fils de Henri Mézières et de Marie Tracet, de Boisset-l'Epervanche, diocèse d'Evreux. Il épousa Louise-Suzanne Nolan au Détroit, le 17 décembre 1725. Son fils, Charles, s'unit à Marie-Anne Testard de Montigny, à Montréal, le 19 juin 1758. Il était lieutenant en 1767 et résidait en France.

BIBLIOGRAPHIE : Tanguay, VI, 19.

DE MOUCHY D'HOCQUINCOURT

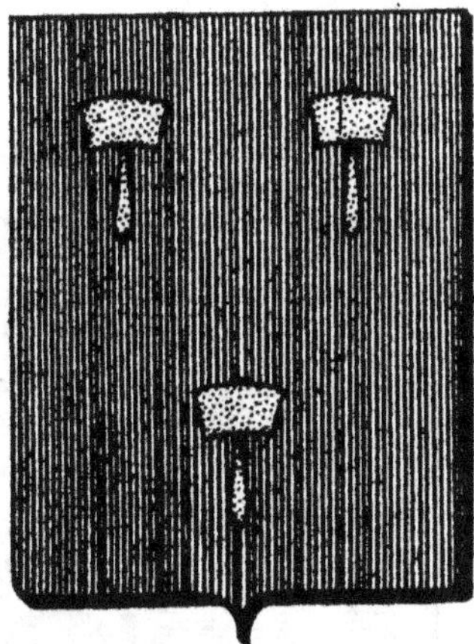

De gueules, à trois maillets d'or.

(D'Hauterive, Armorial d'Artois et de Picardie, II, 2).

MOUCHY D'HOCQUINCOURT (Jean-Thomas). Promu enseigne en second en 1726. M. de Mouchy passa ensuite en France, et le roi lui permit de recevoir ses appointements durant son congé. Il était de retour en 1728. Nommé enseigne en pied en 1731. Ne pouvant dans le temps lui donner de l'avancement, le roi, en 1733, le gratifia de 300 livres.

La présence de M. de Mouchy, chevalier d'Hocquincourt est signalée le 12 janvier 1733, à Ste-Croix et le 13 avril de la même année à St-Antoine de Tilly.

BIBLIOGRAPHIE : Rap. arch. can. 1904, pp. 72, 95, 139, 141, 142, 172. — Tanguay, III, 331.

NIORT DE LA NORAIE

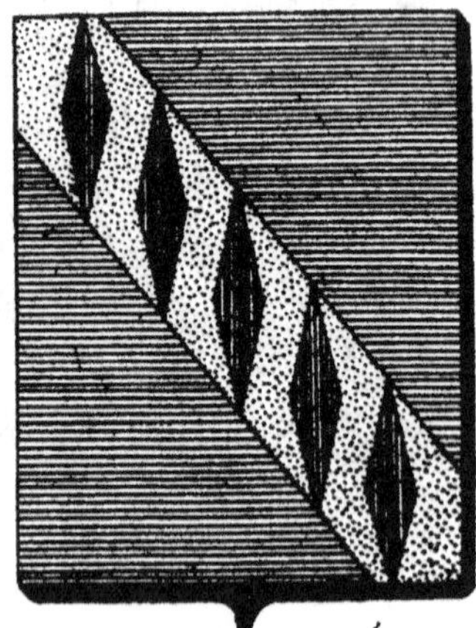

D'azur, à une bande d'or chargée de cinq fusées de gueules.

(D'Hozier, Arm. du Poitou, I, 135).

NIORT, sieur de la Noraie (Louis de). Né en 1639. Fils de Charles de Niort et de Marie Bauger de Saint-Saturnin de Poitiers. Le 22 février 1672, il épousa, à Québec, Marie Sevestre. En 1672, il lui fut accordé un fief qui porta son nom.

BIBLIOGRAPHIE : Tanguay, vol. I, pp. 180 et 482; vol. III, p. 341.

PASQUIER DE FRANCLIEU

D'azur, au chevron d'or accompagné en chef de deux têtes de Maures de sable et, en pointe, de trois paquerettes d'or, celle du milieu haussée, mouvantes d'un coupeau du même.

(Gheusi, Le blason héraldique, 234).

PASQUIER DE FRANCLIEU. Famille dont la noblesse remonte au XIVe siècle. Plusieurs Pasquier s'illustrèrent dans les armées du roi d'Espagne.

Pierre Pasquier de Franclieu, de son union avec Marie de Portas eut: *Charles-Pierre*, qui devint commandant à Charleroi et maréchal; *François-Michel, sieur des Bergères*, chevalier de S. Louis, lieutenant de roi et maréchal des camps, et *Marie*, née en 1640, qui passa au Canada et épousa à Québec, le 10 janvier 1668, Charles Couillard de Beaumont. Elle fut inhumée dans l'église des Récollets, à Québec, le 26 juin 1685.

BIBLIOGRAPHIE : Tanguay, I, 465 et III, 161. — Couillard, La première famille française, p. 322 et Histoire des seig. de la Riv. du Sud, p. 145.

PHILIPPE DE HAUTMESNIL

D'azur, au chevron d'or accompagné en chef d'un croissant et d'une étoile et, en pointe, d'un cygne du même.

(La Chesnaye-Desbois, XV, 793).

PHILIPPE DE HAUTMESNIL (Jean-Vincent). Fils de Pierre, seigneur de Marigny, il s'établit à Montréal en 1665 où son oncle, le curé Souart lui céda une partie du fief Closse. Il se maria en France en 1671 et sa noblesse fut confirmée la même année à condition qu'il demeurerait dans la Nouvelle-France.

La rue Saint-Vincent, à Montréal, rappelle son souvenir.

BIBLIOGRAPHIE : B. des rech. hist., XXII, 40. — Tanguay, I, 300.

POLLET DE LA COMBE DE LA POCATIÈRE

De sable, à deux étoiles d'or rangées en face. (1)

(Anselme, Hist. chron. des pairs de France, IV, 194).

POLLET DE LA COMBE, sieur de la Pocatière (François).
Fils de François Pollet de la Combe et de Catherine de Rossini,
de Chelieu, diocèse de Grenoble. Capitaine au régiment de Carignan, il épousa Marie-Anne Juchereau de Saint-Denis, à Québec,
le 29 novembre 1669. Leur fille devint la femme de Pierre
LeMoyne d'Iberville. M. Pollet de la Combe mourut le 20 mars
1672 et sept mois après son décès, sa veuve recevait de l'intendant Talon le fief de la Pocatière.

BIBLIOGRAPHIE : Tanguay, I, 494. — Roy, La famille Juchereau Duchesnay, 91-92.

(1) *Alias:* de sable, au chevron d'or accompagné de trois chiens de
même.

PREISSAC

D'azur, à un lion léopardé d'or, armé, lampassé et couronné de même, adextré et senestré de losanges en pal de même.

(Genouillac, Recueil d'arm., p. 376).

PREISSAC. Le régiment de Berry qui fit la dernière campagne sous le régime français avait, parmi ses officiers, quatre frères du nom de Preissac. *Lambert*, premier capitaine des grenadiers du 3e bataillon, *Henri*, premier capitaine ordinaire du 1er bataillon, *Hyacinthe*, enseigne et *Joseph*, lieutenant. L'un d'eux fut tué, un autre blessé et un troisième fait prisonnier.

BIBLIOGRAPHIE : Journal du chevalier de Lévis.

4

RASTEL DE ROCHEBLAVE

D'azur à la vergette d'argent denticulée, bretessée de sable soutenue par deux lions d'or affrontés, lampassés et armés de gueules (la queue léopardée).

(Nobiliaire universel, II, et Gheusi, p. 238).

RASTEL DE ROCHEBLAVE (Pierre-Louis de). Né en 1729, il vint au Canada en qualité d'officier et le 30 septembre 1760, il épousait, à Montréal, Marie-Josèphe Duplessis-Faber, fille de l'ex-major de Montréal.

Son frère, Philippe-François, également officier épousa Marie-Michelle Dufresne à Kaskaskia aux Illinois en 1763. Ce dernier acquit des intérêts considérables dans le commerce des fourrures.

Pierre, fils de Philippe s'établit à Montréal et vendit son négoce à la Compagnie dont Astor était le chef, en 1817.

BIBLIOGRAPHIE : B. des r. h., IV, 357. — Tanguay, III, 351.

de **RAYMOND**

Losangé d'or et d'azur.

(La Chesnaye-Desbois, XVI, 182).

RAYMOND (Chevalier de). Seigneur de Saint-Germain et de Sainte-Colombe. Servit longtemps, au Canada, en qualité de lieutenant au régiment de Béarn. Il faisait les fonctions d'officier-major à Montréal le 15 avril 1757. Retourné en France après la capitulation de Montréal, il s'éteignit à Saintes.

Le comte de Raymond, gouverneur de l'île Royale, était aussi de cette famille.

BIBLIOGRAPHIE : La Chesnaye-Desbois, *loc. cit.* — Archives de Montréal, et Bull. des rech. hist., XXII, 351.

ROBINEAU DE BÉCANCOUR ET DE PORTNEUF

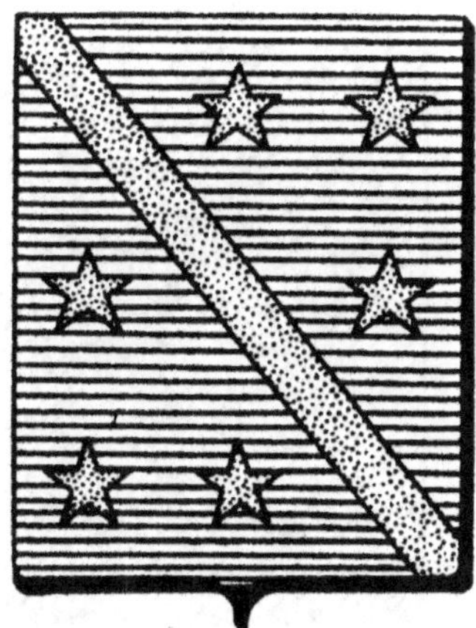

D'azur, à la cotice d'or, accompagnée de six étoiles du même, en orle.
(Voir la note ci-dessous).

ROBINEAU DE BÉCANCOUR ET DE PORTNEUF (René).
Officier du régiment de Turenne, chevalier de Saint-Michel, seigneur de Bécancourt, baron de Portneuf. Né en 1629, fils de Pierre Robineau, conseiller du roi, trésorier-gérant de la cavalerie légère de Paris. Marié en 1652 à Marie-Anne Leneuf de la Potherie. Inhumé à Québec, le 12 décembre 1699.

BIBLIOGRAPHIE : Tanguay, I, 523 et VII, 8.

Nota. — Les armes des Robineau du Canada sont difficiles à établir exactement. Les *Jug. et dél. du C. S.*, II, 881 n'indiquent pas la position des étoiles, et disent qu'après l'érection de la seigneurie de Portneuf en baronnie, Louis XIV permit d'ajouter une fasce de gueules chargée d'une fleur de lis. L'abbé Couillard, *Hist. des Seig. de la riv. du sud*, 301, met une bande aiguisée au lieu de la cotice, avec les étoiles en orle. L'abbé Dejordy préfère la bande aiguisée avec les étoiles en bande, etc. Examen fait, nous adoptons la cotice et l'orle.

Cette famille a probablement commune origine avec les Robineau, de Bretagne, qui portent : D'azur, semé d'étoiles d'or à la cotice du même, brochante.

de SACQUESPÉE

De sinople, à l'aigle d'or becquée et membrée de gueules tenant au bec une épée de sable garnie d'or, la pointe en bas et posée en bande.

(Annuaire de la noblesse, 1857, p. 369).

SACQUESPÉE (de). Famille d'Arras fixée en Picardie qui a fourni des officiers à la Nouvelle-France entre autres, Joachim de Sacquespée, sieur de Gomicourt et de Voispreux, capitaine dans les troupes. Il épouse à Longueuil, le 9 novembre 1725, Louise-Catherine Trottier de la Bissonnière et en secondes noces, Marie-Jeanne de Lorimier. Sépulture à Montréal, le 5 novembre 1767, âgé de 66 ans. Il signait : Sacquespée.

BIBLIOGRAPHIE : Tanguay, III, 359 et VII, 108. — Bul. des rech. hist., XXI, 12.

VASSAN

D'azur, au chevron d'or, accompagné en chef de deux roses d'argent et, en pointe, d'une coquille de même.

(D'Hozier, Armorial génl de France, reg. I, vol. II).

VASSAN (Jean-François de). Né en 1716 à Mallevalle, diocèse de Kimper, en Bretagne. Chevalier de Saint-Louis, capitaine, épousa Marie de Berry, à Montréal, le 3 février 1742. Il commandait le deuxième bataillon de la marine à Sainte-Foye et fut blessé légèrement. Lévis écrit dans son journal que c'était un bon officier. Compris dans le procès de Bigot et autres fonctionnaires, on le déclara coupable "d'avoir visé inconsidérément les inventaires de vivres." En 1767, M. de Vassan demeurait à Blois.

BIBLIOGRAPHIE : Tanguay, III, 409. — Journal du chev. de Lévis.— Dussieux, Le Canada, 189-190.

Note. — Mgr Tanguay, III, 409, le nomme Vasson et au vol. VII, 429, il le prénomme Jean-Baptiste, ce qui est erroné dans les deux cas.

VILLENEUVE DE LA CROIZILLE

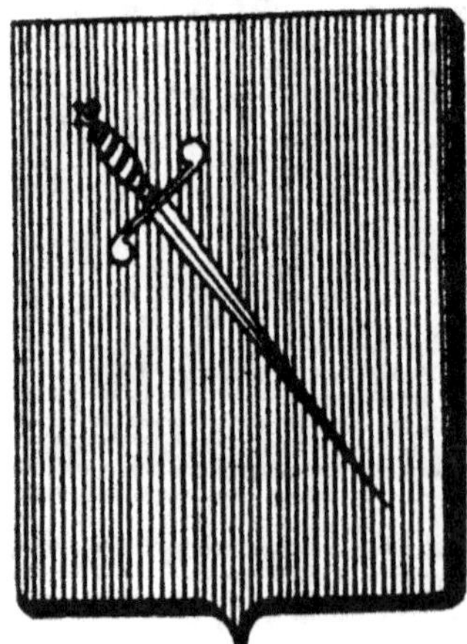

De gueules, à une épée d'argent posée en bande, la pointe en bas.

(Armorial général de France, Reg. I, 2e partie, p. 640).

VILLENEUVE, Sr de la Croizille et de Saint-Sernin (Gaspard de). Né le 12 mai 1687. Lorsqu'il reçut, en 1748, la croix de Saint-Louis, il était capitaine d'une compagnie en Canada. Mort en 1751. En 1719, il avait épousé Marie-Louise, fille de Philippe de Rigaud de Vaudreuil.

BIBLIOGRAPHIE : Bulletin des recherches historiques, XIV, 351.

de VILLIEU

D'argent, au lion de gueules naissant, armé et lampassé de même.

(Bull. des rech. his., XIX, 217).

VILLIEU (Claude-Sébastien de). Lieutenant dans le régiment de Carignan. Né à Turin, en Piémont, il amena au pays sa femme et ses enfants. A cette époque, il servait déjà dans l'armée depuis 1655.

Son fils, Sébastien, épousa Judith Le Neuf de la Vallière, à Québec, le 9 avril 1692.

BIBLIOGRAPHIE : B. des rech. hist., XIX, 217, et Tanguay, I, 194.

de PUISAYE

D'azur, à deux lions léopardés d'or, armés et lampassés de gueules.

(La Chesnaye-Desbois, vol. XVI, p. 505 et Bachelin-Deflorenne, Etat présent, p. 310, éd. 1868).

PUISAYE (Comte Joseph-Geneviève de). Né en 1754, à Mortagne au Perche, France. Quitta l'habit ecclésiastique qu'il avait d'abord pris au séminaire de St-Sulpice de Paris et devint colonel de la garde royale. Proscrit par la Convention et en désaccord avec les chefs du parti royaliste, il émigra en Angleterre et obtint une concession à Wingham, près de Toronto, en 1798. Sa tentative de colonisation n'ayant pas réussi, il retourna en Angleterre en 1802 et publia ses mémoires. Mort à Hammersmith près de Londres, le 30 octobre 1827.

BIBLIOGRAPHIE : Bulletin des recherches historiques, III, 146 et XIX, 23. — Rapp. des Archives canadiennes, 1888. — Mémoires du comte de Puisaye, 6 vols., 1803-1808.

CHALUS

D'azur, à trois croissants d'argent.

(Mailhol, Dict. de la noblesse française).

CHALUS. Famille du Maine qui passa en Bretagne. Le comte René-Augustin de Chalus était major et son frère, le vicomte Jean-Louis était colonel dans l'armée française lorsqu'ils suivirent en Canada, en 1798, le comte de Puisaye qui venait établir une colonie de royalistes dans le Haut-Canada. MM. de Chalus quittèrent le pays longtemps après M. de Puisaye. Tous deux étaient à Montréal aux mois de juillet et août 1815 faisant leurs préparatifs pour retourner en Europe. L'année suivante, on les retrouve en France. Un fils du vicomte revint au Canada, épousa une Delle Porteous et mourut à Montréal sans postérité.

BIBLIOGRAPHIE : Textor, A colony of Emigrés in Canada, Toronto, 1905, *passim*. — Rapp. des arch. canadiennes, 1888, pp. 70-71.

SAINTE-AULAIRE

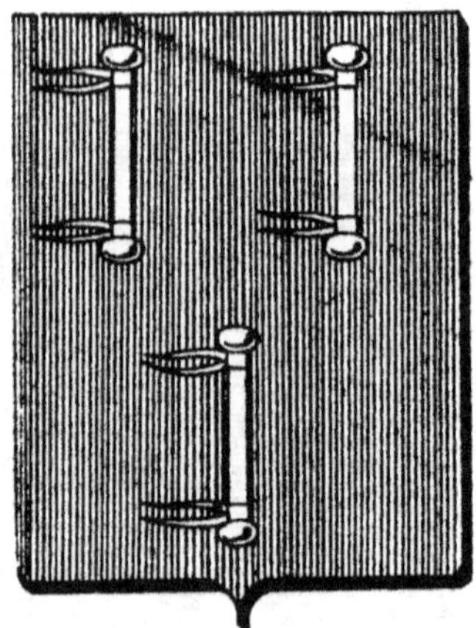

De gueules, à trois accouples de chien d'argent. posés en pal, liés d'azur.

(Barthélemy, Armorial génl, résumé, p. 41).

SAINTE-AULAIRE (de Beaupoil de). Dans le régiment de la Sarre qui prit part aux derniers événements militaires du régime français se trouvaient un capitaine et un lieutenant de la famille de Beaupoil de Sainte-Aulaire.

Plus tard, la famille la plus distinguée qui accompagna le comte de Puisaye au Canada, en 1798, se composait du marquis Jean Iriex de Beaupoil de Sainte-Aulaire, de sa femme, de son fils, Hippolyte, sous-lieutenant et d'un cousin, Gui, lieutenant et ancien page de la reine Marie-Antoinette. Le marquis de Sainte-Aulaire, à la suite d'un désaccord avec M. de Puisaye, abandonna l'entreprise avant même d'être rendu au terme du voyage. Le marquis et Gui de Sainte-Aulaire étaient à Montréal en 1799, en route pour l'Europe. La marquise et son fils, Hippolyte, demeurèrent à Montréal jusqu'en 1802, attendant de pouvoir retraverser.

BIBLIOGRAPHIE : Laubrière, Armorial génl de Bretagne, 14. — Genouillac, Recueil d'armoir., 47. — Arch. canad. 1888, pp. 70-71. — Textor, A colony of Emigrés in Canada, Toronto, 1905, *passim*.

KIERZKOWSKI

D'azur, au fer à cheval d'argent sommé d'une croix pattée d'or, pri-
vée de sa branche dextre et à une autre croix pattée d'or mise en
abime. (1)

(Archives de la famille).

KIERZKOWSKI (Alexandre-Edouard). Petit-fils de Mathieu
Kierzkowski, administrateur de Calisz et fils de Jacques-Philippe
qui fit plusieurs campagnes au service de la France et gagna le
grade de capitaine avec la croix de la Légion d'honneur, Alexandre-Edouard naquit le 21 novembre 1816 à Bagycach, en Pologne.
Il prit part avec son père, à l'insurrection nationale qui éclata
en Pologne, en 1830 et reçut deux blessures. Forcé de s'expa-
trier, il se rendit à Paris, puis vint s'établir au Canada, en 1841.
Membre du conseil législatif en 1858, député de Verchères en
1861 et député de Saint-Hyacinthe en 1867. Mort à Saint-
Ours, le 4 août 1870. Il avait épousé en premières noces, Louise
Debartzch et, en seconde noces, Caroline-Virginie de Saint-Ours.

BIBLIOGRAPHIE : Couillard, Première famille française, 240. — Bulletin des recherches historiques, X, 86.

(1) Les armes des Lubiez de Nieborgin de Pologne sont semblables
sauf quant à la croix au-dessus du fer qui est entière. (Voir Magny,
La science du blason, p. 114). Le même auteur note qu'en Pologne, la
plupart des armoiries sont composées de fers de dard, de fers de cheval,
de haches, etc.

d'ODET d'ORSONNENS

D'azur, au lion d'or, la queue fourchue, tenant une corne d'abondance du même.

(Archives de la famille).

d'ODET d'ORSONNENS (Prothais). Fils de Pierre-Louis d'Odet d'Orsonnens, baillif de Romont, Suisse, neveu de J. B. d'Odet, évêque, comte de Lausanne et prince du S. Empire, il vint au Canada en qualité de capitaine dans le régiment de Meuron et épousa Sophie Rocher. Décédé le 16 mars 1834.

Son fils, Thomas-Edouard fut professeur de l'Ecole de Médecine et de chirurgie, Victoria.

Louis-Gustave, fils du précédent, naquit le 17 avril 1842 et épousa, en 1870, Marie-Louise-Adèle Desbarats. Attaché à l'état major de la milice canadienne en 1868; l'un des promoteurs de l'expédition des zouaves canadiens, à Rome, il fut créé comte romain par SS. Pie IX, le 26 juin 1874.

BIBLIOGRAPHIE : Extraits de l'histoire générale des maisons princières et autres principales familles de l'Europe, Genève, 1875, 1 br. — Rose, A cyclopædia of Canadian biography, p. 506.

FONCTIONNAIRES

ADHÉMAR DE LANTAGNAC

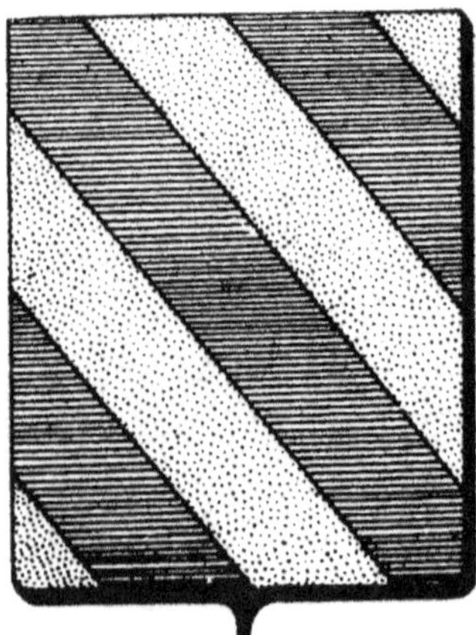

D'or, à trois bandes d'azur.

(Annuaire de la noblesse, 1869).

ADHÉMAR DE LANTAGNAC (Gaspard). Neveu du premier
gouverneur de Vaudreuil, il passa en ce pays en 1712 et servit
dans l'armée jusqu'en 1721 alors qu'il fut transféré à l'Ile
Royale. Il retourna en France l'année suivante et revint en
1728 pour établir une tuilerie à Québec. Nommé major de
Montréal en 1742, il mourut dans cette ville le 7 novembre 1756.
Il avait épousé Marie-Geneviève Martin de Lino. Six de ses
filles furent religieuses.

BIBLIOGRAPHIE : Bull. des rec. hist., XIV, 345. — Tanguay, II, 6.

d'AGRAIN

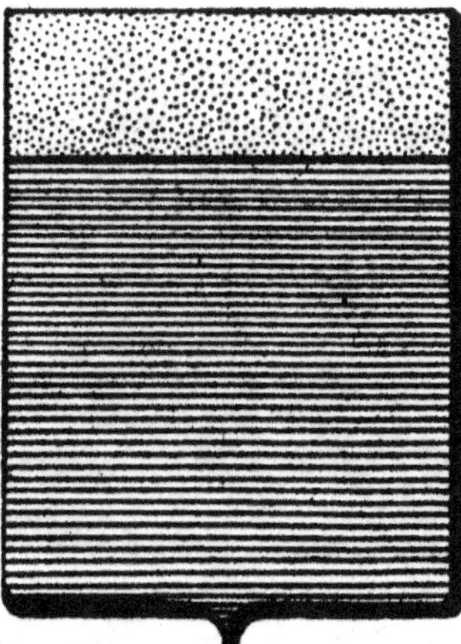

D'azur, au chef d'or.

(Annuaire de la noblesse, 1871-72).

AGRAIN (comte Henri d'). Il était chevalier de Saint-Louis lorsqu'il fut nommé major de l'Ile Royale. En 1721, il obtint le privilège d'exploiter les bois de construction pour les fortifications de l'île. Deux des ouvriers qu'il employait l'assassinèrent le 23 jánvier 1722.

BIBLIOGRAPHIE : Bulletin des recherches historiques, XX, 199.

d'AIGREMONT

D'or, au chevron d'azur, accompagné de trois coquilles de gueules.

(Daniel, Nos gloires nat., II, supplm. p. 2).

AIGREMONT (François Clairambault d'). Il succéda le 1er juin 1701 à M. Tautoin de la Touche, commissaire de la marine en la Nouvelle-France. En 1707, il était commissaire ordonnateur à Montréal et sub-délégué de l'intendant. Contrôleur de la marine en 1712; de nouveau commissaire de la marine en 1717, il remplace l'intendant Dupuy en 1728 et meurt le 1er décembre de la même année.

BIBLIOGRAPHIE : Bull. des r. h., XII, 114. — Tanguay. III, 223.

d'AUBENTON DE VILLEBOIS

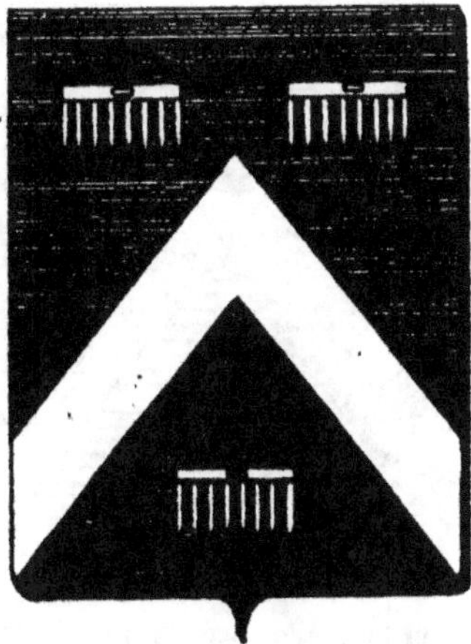

D'azur, au chevron d'argent, accompagné de trois rateaux du même.

(D'après un sceau aux archives du palais de justice de Montréal).

AUBENTON DE VILLEBOIS (Ambroise d'). Envoyé au Canada, en qualité de représentant de la ferme d'Occident, pour fixer le prix du castor, etc., il ne fit qu'un court séjour, en ce pays, durant les derniers six mois de 1699.

BIBLIOGRAPHIE : Bulletin des rech. histor., XXII, p. 14. — Archives du district de Montréal, documents du 7 et du 22 octobre 1699.

BERMEN DE LA MARTINIÈRE

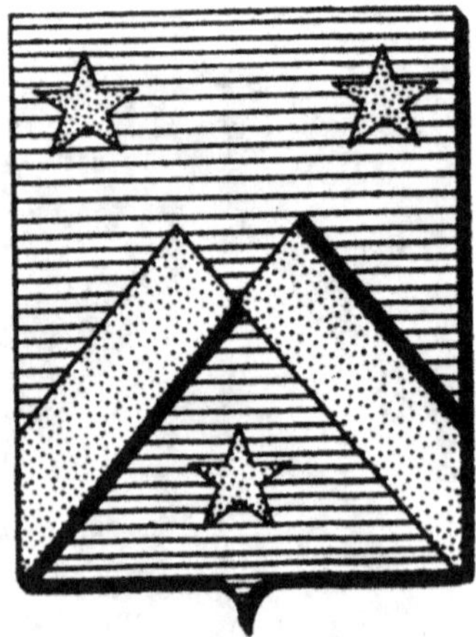

D'azur, à un chevron brisé d'or accompagné de trois étoiles de même.

(La Chesnaye-Desbois, II, 966).

BERMEN DE LA MARTINIÈRE (Claude). D'une famille que l'on croit originaire d'Ecosse et qui s'établit en Normandie à la fin du XIVe siècle, Claude naquit en 1638 et vint à Québec vers l'âge de majorité. Il demeura dans cette ville jusqu'à sa mort, le 15 avril 1719 après y avoir été membre du Conseil Souverain et lieutenant général et civil.

BIBLIOGRAPHIE : Bulletin des rech. hist., I, 170, 176, XX, 176. — Tanguay, I, 44, II, 237.

BERTHELOT DE SAINT-LAURENT

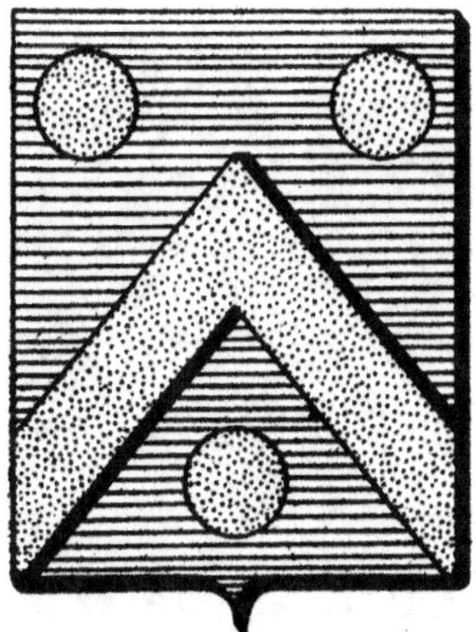

D'azur, au chevron d'or, accompagné de trois besants du même.

(La Chesnaye-Desbois, III, 34).

BERTHELOT DE SAINT-LAURENT (François). Famille originaire de Bretagne et de Picardie. C'est en faveur de ce François Berthelot, secrétaire du roi et des commandements de Madame la Dauphine, commissaire général d'artillerie et conseiller d'état que l'île d'Orléans fut érigée en comté sous le nom de Saint-Laurent.

M. Berthelot était né en 1626 et il est mort le 3 février 1732.

BIBLIOGRAPHIE : B. des rech. hist., XIV, 256.

BOURGONNIÈRE DE HAUTEVILLE

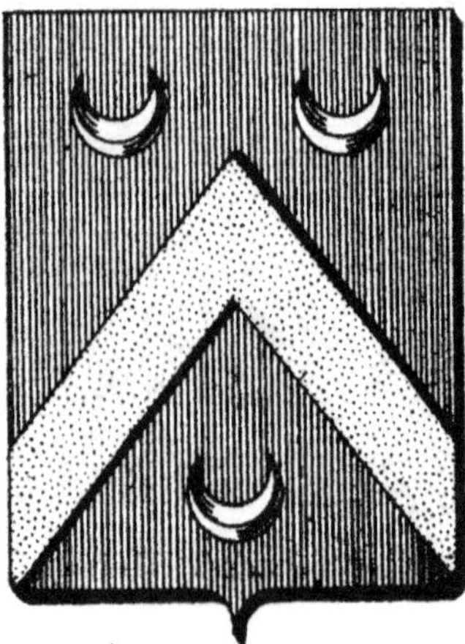

De gueules ,au chevron d'or, accompagné de trois croissants d'argent.

(Laubrière, Armorial de Bretagne, p. 36).

BOURGONNIÈRE, sieur de Hauteville (François-Barthélemi).
Fils d'un notaire royal de Bayeux, M. Bourgonnière fut secrétaire du gouverneur général de la Nouvelle-France vers la fin
du XVIIe siècle. Il épousa, en 1696, à Québec, Marie-Anne
Levrard. M. de Frontenac fut parrain du premier de ses enfants.

BIBLIOGRAPHIE : Tanguay, 1, 80.

CAILHAUT DE LA TEYSSERIE

D'azur, au lion léopardé d'or.

(Potier de Courcy, Nob. et arm. de Bretagne, II, 426).

CAILHAUT DE LA TEYSSERIE (Jacques de). D'une famille originaire de Nantes, il épousa, à Québec, le 15 octobre 1663, Eléonore de Grandmaison. Il fut membre du Conseil Souverain de la Nouvelle-France et décéda à Québec au mois de juin 1673.

BIBLIOGRAPHIE : Tanguay, I, 186. — Roy, Les Conseillers au Cons. Souv. de la N. F., 174.

DAINE

De gueules, au vaisseau d'argent, les voiles tendues et flottant sur une mer de sinople, accompagné de neuf besants d'or posés en orle.

(Annuaire de la noblesse, 1908, 300).

DAINE (François). Né à Saint-Rémi de Charlesville, diocèse de Rheims, il vint au Canada vers 1722 et occupa diverses charges publiques, telles que greffier, membre du Conseil Souverain, lieutenant civil et criminel de la prévôté de Québec, directeur du domaine du roi, au Canada. Le 5 octobre 1721, il épousa à Québec, Angélique Pagé, le 20 août à Montréal, Louise-Jeanne Bouat et le 8 mars 1742, à Boucherville, Louise Pécody de Contrecœur. Dans son dernier contrat de mariage (Loiseau, 8 mars 1742), il est dit chevalier de l'ordre de Saint-Jean de Latran, et comte palatin du Saint Empire romain.

BIBLIOGRAPHIE : La Chesnaye-Desbois, VI, 697. — Tanguay, III, 225. — P. G. Roy, Conseillers du Cons. Souv. de la N. F., 185.

DAMOURS DE CHAUFFOURS

D'argent, au sanglier de sable accompagné en chef d'un lambel de gueules et, en pointe, de trois fers de lance (ou trois clous) de sable rangés en fasce.

(Ann. de la nobl. et La Chesnaye-Desbois).

DAMOURS DE CHAUFFOURS (Mathieu). Né en 1618, mort à Québec au mois d'octobre 1695.

Il fit partie du Conseil Souverain et occupa plusieurs charges marquantes. C'est l'ancêtre des Damours de Chauffours, de Fresneuse, de Clignancourt, de Louvières, de Courbéron, de la Morandière, etc., qui se sont alliés aux principales familles du pays.

BIBLIOGRAPHIE : Tanguay, I, 154, III, 227. — Roy, Conseillers au Con. Souv. de la N. F., 174.

DANRÉ DE BLANZY

D'argent, au chevron de gueules, accompagné, en pointe, d'un arbre de sinople terrassé de même et, en chef, de deux têtes de serpent d'azur, arrachées de gueules. (1)

(Annuaire de la noblesse, 1884, p. 129).

DANRÉ DE BLANZY (Louis-Claude). Né en 1710 et fils de Charles Danré de Blanzy, avocat, il était à Montréal dès 1736 et y faisait office de procureur postulant auprès du tribunal. Nommé notaire royal en 1738, puis greffier de la justice en 1744, il retourna en France après la conquête et vivait encore en 1770. Il avait épousé à Montréal, le 25 novembre 1737, Suzanne du Bourguet d'Estienne de Clérin.

BIBLIOGRAPHIE : Roy, Histoire du notariat, I. — Massicotte, Tribunaux et officiers de justice à Montréal, sous le régime français.

(1) Une branche de cette famille porte : D'argent au chevron de sable, accompagné en pointe d'un arbre de sinople terrassé de même, etc.

de GANNES DE FALAISE

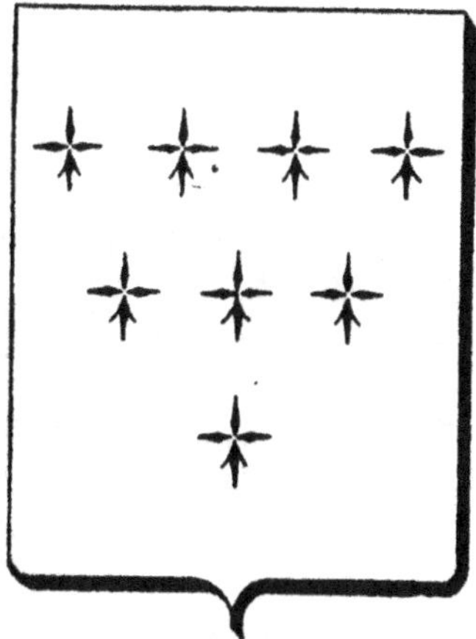

D'argent, à huit mouchetures d'hermine de sable, posées quatre, trois et une.

(Ann. de la nobl. 1868, p. 391).

GANNES DE FALAISE (Louis de). Né à Buxeuil, Poitou, en 1666 ; il passa au Canada vers 1686. M. d'Argenson dont il était parent, lui fit avoir la majorité des Trois-Rivières. Il épousa en 1691, Barbe Denis, veuve de M. de Contrecœur et, en 1695, Louise Legardeur de Tilly. A partir de 1717, il passa le reste de sa vie dans les guerres de l'Acadie.

BIBLIOGRAPHIE : Allaire, Hist. de St-Denis. — B. des rech. hist., XIX, 343. — Tanguay, I, 165.

GAUDAIS-DUPONT

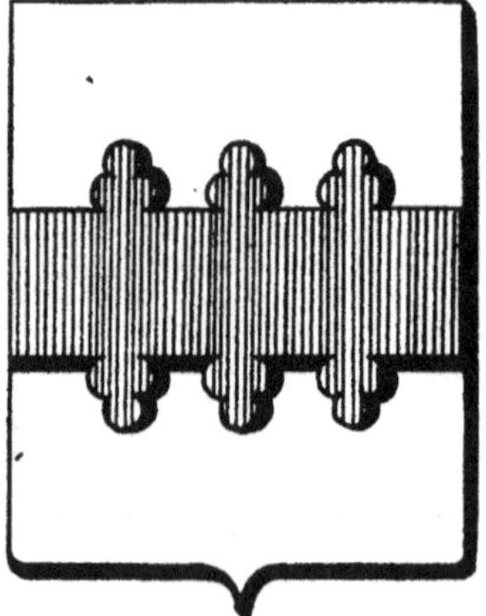

D'argent, fascé de gueules, fleuronné de six pièces du même.

(La Chesnaye-Desbois, X, 39).

GAUDAIS, sieur **Dupont** (Louis). Commissaire envoyé par le roi pour étudier le Canada en 1663 et faire rapport sur l'administration du pays. "Il avait entrée et voix au Conseil Souverain après Mgr de Laval."

BIBLIOGRAPHIE : Tanguay, I, 255.

GIROUARD

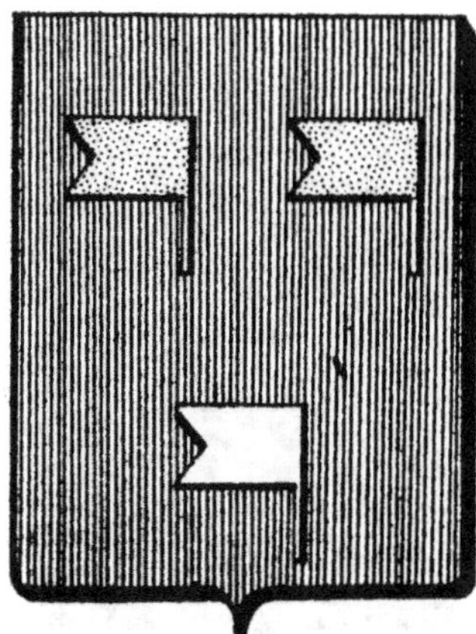

De gueules, à trois girouettes, deux d'or en chef et une d'argent en pointe.

(Bulletin des recherches historiques, VIII, 292).

GIROUARD (Antoine). Né à Mont-Luçon, France, le 20 mai 1696. Il était fils de Jean Girouard, conseiller du roi, et contrôleur en Auvergne. Antoine vint ici en qualité de soldat dans la compagnie de M. de la Tour. (1). Il se marie le 2 février 1723 et se fait nommer huissier le 26 août suivant. Après avoir pratiqué sa profession jusqu'en 1735 il n'apparaît plus ensuite devant le tribunal que comme procureur postulant, c'est-à-dire avocat. Sépulture, à Montréal, le 5 juin 1767. Ancêtre de Sir Désiré Girouard et de Sir Percy Girouard.

BIBLIOGRAPHIE : Bulletin des rec. hist., V, 39, 205, VIII, 289, et XXIII, 91.

(1) Archives du palais de justice de Montréal, document du 25 mars 1722.

de **LA CORNE**

D'azur, à deux lions affrontés d'or surmontés d'une rencontre de cerf de même.

(Potier de Courcy, article " Douglas " et sceau de la collection Baby, déposée à la bibliothèque Saint-Sulpice).

LA CORNE (Jean-Louis de Chapt, sieur de). Né le 23 octobre 1666, à Vaudon, en Auvergne, il vint en ce pays en qualité de lieutenant et épousa à Montréal, l'an 1695, Marie Pécaudy de Contrecœur. M. de Chapt de la Corne fut major aux Trois-Rivières et lieutenant de roi à Montréal. Sa descendance se divise en plusieurs branches dites de Chapt, de la Corne, de la Colombière, DuBreuil et de Saint-Luc.

BIBLIOGRAPHIE : Tanguay, I, 167, III, 285. — Bibaud, Panthéon canadien. — Archives du palais de justice.

de la LOÈRE DES URSINS

D'or, à un chevron d'azur, accompagné de trois trèfles de même.

(D'Hozier, Arm. de France, V, 631 et d'après un sceau au palais de justice de Montréal).

de la LOÈRE DES URSINS (Antoine). Commis principal de la Compagnie des Indes, aux Illinois. Quatrième conseiller au Conseil supérieur de la Louisiane, il occupa ce poste jusqu'en 1728. On trouve au palais de justice de Montréal, un document portant son sceau et sa signature, en date du 19 janvier 1722.

LE NEUF DU HÉRISSON

D'argent, à trois hérissons de sable.

(Genouillac, Rec. d'armoiries, 250).

LE NEUF DU HÉRISSON (Mathieu-Michel). Originaire de Caen, en Normandie. Frère aîné de Jacques Le Neuf de la Pothorie. Né en 1601. Lieutenant général. Il épouse à Québec, en 1636, Jeanne LeMarchand.

BIBLIOGRAPHIE : Tanguay, I, 381. — Sulte, chronique trifluvienne. — Sulte, Histoire des Canadiens-français, II, 60-83.

5

MONSEIGNAT

D'azur, à un cygne d'argent becqué de sable, posé sur une terrasse de sinople et surmonté de trois étoiles d'or rangées en chef.

(Malhiol, Dict. de la noblesse).

MONSEIGNAT (Charles de). Il passa en Canada avec Cavelier de la Salle en 1678 d'abord, puis retourna en France. En 1689, M. de Frontenac l'emmena de nouveau en qualité de premier secrétaire. Contrôleur de la marine en 1701, membre du Conseil Supérieur, en 1703, et greffier du dit conseil l'année suivante, M. de Monseignat mourut à Québec le 21 octobre 1718.

BIBLIOGRAPHIE : B. des r. h., XI, 292. — Roy, Conseillers au Cons. Souv. de la N. F., 185. — Tanguay, I, 439.

PAYAN DE NOYAN

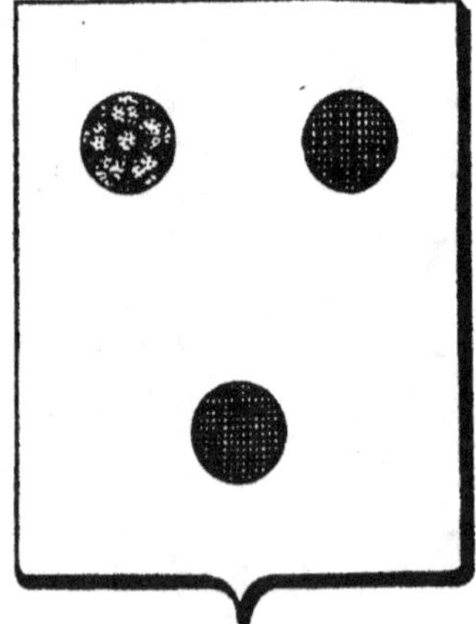

D'argent, à trois tourteaux de sable, le premier chargé d'une rose d'or.

(La Chesnaye-Desbois, XV, 532).

PAYAN DE NOYAN, Sr de Chavoy (Pierre). Capitaine, il vint au pays vers 1690. Peu de temps après son arrivée, M. Payan épousa, à Montréal, Jeanne-Catherine LeMoyne. De ce mariage naquit Pierre-Jacques, qui en 1756 était major de Montréal et fut alors promu lieutenant de roi aux Trois-Rivières. Après la session, il retourna en France où il mourut entre 1761 et 1764.

BIBLIOGRAPHIE : R. P. Brosseau, St-Georges d'Henryville, pp. 36-37. — Magny, Nobl. de Normandie, II, 530. — Ann. de la nobl. 1857. — Tanguay, I, 468.

PERTHUIS DE LA SALLE

De gueules, à la licorne d'argent passante.

(Ann. de la nobl. 1878).

PERTHUIS DE LA SALLE (Joseph). Né en 1710, il séjourna parmi nous de 1739 à la cession, d'abord comme conseiller du roi, près le Conseil Supérieur, puis en qualité de procureur général. Retourné en France, il obtint une charge dans la chancellerie de Poitiers qu'il conserva jusqu'à sa mort, le 19 mars 1782.

BIBLIOGRAPHIE : Bul. des r. h., XVI, 318. — Roy, Conseillers au Cons. Souv. de la N. F., 182. — Tanguay, VI, 324.

PEUVRET

De gueules, à la barre d'or, accompagnée de deux lions du même.

(Annuaire de la noblesse, Paris, 1870, p. 159).

PEUVRET DE MARGOUTIER, DU MENU ET DE GAUDAR-VILLE. Famille originaire de Normandie.

François Peuvret de Margoutier se noya, à Québec, en 1657.

Jean-Baptiste Peuvret du Menu, sieur de Gaudarville, frère du précédent, fut greffier du Conseil Souverain de 1663 à 1675 et de 1676 à sa mort, 23 mai 1697.

Alexandre, fils de Jean-Baptiste, succéda à son père et resta en fonction jusqu'à sa mort, en 1702.

BIBLIOGRAPHIE : Tanguay, I, 480 et VI, 337. — P. G. Roy, Conseillers au Conseil Souverain, p. 184.

ROUER DE VILLERAY

D'azur, au chevron d'or, accompagné de trois casques d'argent.

(Recherches de la noblesse de Tours, en 1666, p. 672).

ROUER DE VILLERAY (Louis). Né en 1629, fils de Jacques Rouer de Villeray, valet de chambre de la reine, de la ville d'Amboise, diocèse de Tours. Il fut lieutenant civil et criminel et membre du Conseil Souverain, à Québec. Il épousa dans cette ville, le 19 février 1658, Catherine Sevestre et le 26 novembre 1675, Marie-Anne du Saussay de Bemont. Décédé à Québec, le 7 décembre 1700. Son fils, Augustin, s'appela d'abord, Rouer de la Cardonnière, puis Rouer de Villeray.

BIBLIOGRAPHIE : Tanguay, I, 527. — P. G. Roy, Les Conseillers au C. S. de la N. F., 173. — Bul. des rech. hist., XXI, 1 et suiv.

RUETTE D'AUTEUIL

D'azur, au cheyron d'or, accompagné, en chef, de deux étoiles d'argent et, en pointe, d'une gerbe de blé d'or.

(Anselme, Hist. chron. des O. de F., IV, 194).

RUETTE, sieur d'Auteuil (Denis-Joseph). Originaire de l'île de France. Né en 1617. Fut membre du Conseil Souverain dès 1663. Procureur général au dit conseil en 1674. Décédé à Québec, le 27 novembre 1679. Son fils, François-Madeleine-Fortuné, chevalier, sieur d'Auteuil et de Monceaux fut procureur général du Conseil Souverain de 1680 à 1707. Décédé à Québec, le 10 juillet 1737.

BIBLIOGRAPHIE : Tanguay, I, 159. — P. G. Roy, Les Conseillers au C. S. de la N. F.

SAINT-PÈRE

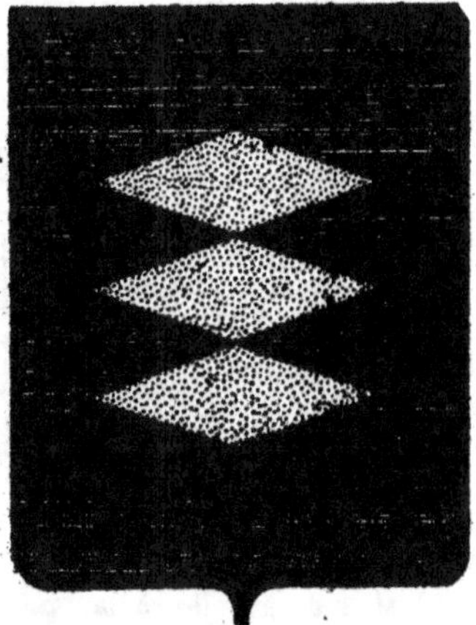

D'azur, à trois fusées d'or, accolées en fasce.

(D'Hozier, Arm: de France).

SAINT-PÈRE (Jean de). Né à Dormelles en Gatinois, vers 1718, il semble être venu à Montréal en 1643. Le 25 septembre 1651, il épousa à Montréal, Mathurine Godé. Premier notaire seigneurial à Montréal, il pratiqua de façon intermittente de 1648 à 1657. Tué par les Iroquois au mois d'octobre 1657.

BIBLIOGRAPHIE : Tanguay, I, 555. — Bulletin des recherches historiques, XXI, 112. — Massicotte, Les actes des trois premiers tabellions de Montréal. — J.-E. Roy, hist. du notariat, I, 65.

Nota. — Mgr Tanguay le nomme Saint-Pair, mais ce notaire signe de Saint-Père.

TASCHEREAU

Ecartelé : au 1 et 4 de gueules, à la branche de rosier supportant trois roses d'argent; au 2 et 3 d'azur, à deux épées d'argent en sautoir, accompagnées de quatre étoiles du même.

(Daniel, Nos gl. nat., I, 219). (1)

TASCHEREAU, sieur de Sapaillé (Thomas-Jacques). Originaire de Tours. Né en 1680, il épouse à Québec, le 17 janvier 1728, Marie-Claire de Fleury d'Eschambault. Il fut trésorier de la marine et membre du Conseil Souverain. Inhumé à Québec, le 26 septembre 1749.

BIBLIOGRAPHIE : Roy, La famille Taschereau. — Roy, Conseillers au Cons. Souv. de la N. F., 181. — Tanguay, VII, 263.

Nota. — Cette famille a l'unique honneur d'avoir fourni au Canada, un cardinal, cinq juges, dont deux promus à la Cour suprême et plusieurs hommes politiques et membres des professions libérales.

(1) Les émaux dans les armes des Taschereau diffèrent suivant les ouvrages. Nous avons choisi les armes reproduites par l'abbé Daniel, mais en France les ascendants blasonnaient le 1 et le 4 : d'argent, au rosier de trois roses de gueules, feuillées et tigées de sinople, sur une terrasse de même.

VASSAL DE MONVIEL

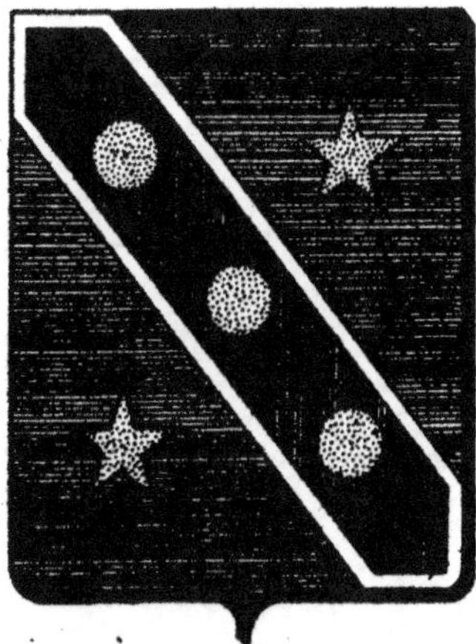

D'azur, à la bande d'argent remplie de gueules, chargée de trois besants d'or et accompagnée de deux étoiles du même.

(Courcelles, Hist. des pairs de France, V).

VASSAL DE MONVIEL (François-Germain-Bonaventure de). Capitaine au régiment de Béarn, il passa au Canada en 1757 et épousa Charlotte Boucher de la Périère, le 30 novembre 1758. Chevalier de Saint-Louis. Mourut le 15 mai 1760 des blessures qu'il avait reçues au siège de Québec au mois d'avril précédent. François, son fils, baptisé à Boucherville le 4 novembre 1759, entra dans l'armée anglaise, au Canada, en 1775. En 1807, il était lieutenant colonel et adjudant général de la milice du Bas-Canada. Mort à Québec, le 25 octobre 1843.

BIBLIOGRAPHIE : Tanguay, VII, 429. — Bul. des rech. hist., XV, 317. —Morgan, Celebrated Canadians, 92.

BARONNETS CANADIENS-FRANÇAIS

CARTIER

Coupé : au 1 de gueules à une hermine au naturel et au franc canton des baronnets de la Grande Bretagne qui est d'argent chargé d'une main senestre appaumée de gueules; au 2 d'or, à cinq pals de gueules, une fasce d'or brochant sur le trait du coupé.

(D'après un *ex-libris*).

CARTIER (Sir Georges-Etienne). Né le 6 septembre 1814, à Saint-Antoine, rivière Richelieu. Admis au barreau en 1835. Procureur général de 1856 à 1867. Ministre de la milice de 1867 à son décès. Créé baronnet au mois d'août 1868. Mort à Londres le 20 mai 1873 et inhumé à Montréal le 13 juin suivant.

BIBLIOGRAPHIE : L. P. Turcotte, Sir G. E. Cartier, 1873. — M. Bibaud, Panthéon canadien, 1891. — J. Tassé, Discours de Sir G. E. Cartier, 1893. — Decelles, Cartier et son temps.

LAFONTAINE

D'azur, à la fasce d'argent chargée d'un livre ouvert au naturel, brochant sur une épée d'or, en bande, accosté de deux feuilles d'érable de sinople, accompagnée en chef d'un bras paré tenant en sa dextre une balance, le tout d'argent et, en pointe, d'un castor au naturel passant sur une terrasse de sinople; au franc canton des baronnets de la Grande-Bretagne qui est d'argent, chargé d'une main senestre appaumée de gueules.

(D'après un *ex-libris*).

LAFONTAINE (Louis-Hippolyte Ménard dit). Né le 4 octobre 1807 à Boucherville. Admis au barreau en 1829. Procureur général de 1842 à 1843 et de 1848 à 1851. Juge en chef de la cour d'appel le 13 avril 1853. Baronnet, le 28 août 1854. Décédé à Montréal le 26 février 1864.

BIBLIOGRAPHIE : Decelles, Lafontaine et son temps. — L. O. David, Sir L.-H. Lafontaine. — Bul. des rech. hist., XXII, 304, XXIII, 28.

LIEUTENANTS GOUVERNEURS

ANGERS

Ecartelé en sautoir: aux 1 et 4 d'azur à l'étoile d'argent, aux 2 et 3 d'or, à la rose de gueules tigée et feuillée de sinople. Sur le tout, de gueules au chérubin d'or.

(Bul. des rech. hist., V, 76). (1)

ANGERS (Sir Auguste-Réal). Né en 1838. Admis au barreau en 1860. Député de 1874 à 1879. Juge en 1880. Lieutenant gouverneur de 1887 à 1892. Sénateur et ministre dans le cabinet Thompson en 1892.

BIBLIOGRAPHIE: Morgan, Canadian men and women of the time, 1912.

(1) Nous avons modifié la description des armes.
Il y a deux manières de numéroter l'écartelé en sautoir: celle dont on trouve l'exemple dans le blason ci-dessus et une autre dans laquelle le 1er quartier est en chef, le 2e en pointe, le 3e à dextre et le 4e à senestre.

BELLEAU

D'azur, au chevron d'or, accompagné de trois chouettes de sable.

(Bulletin des recherches historiques, V, 73).

BELLEAU (Sir Narcisse-Fortunat). Né le 20 octobre 1808. Admis à la pratique du droit en 1832. Maire de Québec en 1850. Membre du conseil législatif en 1852. Créé chevalier par le prince de Galles, au cours de l'année 1860. Lors de l'établissement de la confédération, en 1867, il fut nommé lieutenant gouverneur de la province de Québec et il conserva ce poste jusqu'en 1873. Décédé à Québec, le 14 septembre 1894.

BIBLIOGRAPHIE : Drapeau, Sir N. F. Belleau. — Le Monde illustré, 1890-91, p. 481 et 1894-95, p. 1257.

CARON

D'argent, à la bande d'azur semée de fleurs de lis d'or.

(Bulletin des recherches historiques, V, 74).

CARON (René-Edouard). Né le 11 octobre 1801 à Sainte-Anne de Beaupré. Admis au barreau en 1826. Maire de Québec et député en 1834. Juge de la cour supérieure en 1853 et juge de la cour d'appel en 1855. Promu au poste de lieutenant gouverneur en 1873. Décédé le 13 décembre 1876.

BIBLIOGRAPHIE : Turcotte, L'hon. R. E. Caron, 1873. — Foyer domestique, 1877, vol. I, 62. — Monde illustré, 1890-91, 529.

CHAPLEAU

D'argent, à la fasce d'azur accostée de deux burelles du même et accompagnée de trois têtes de lion de sable, arrachées de gueules, dentées et lampassées d'or; brochant sur le tout, l'écu de la province de Québec qui est d'or à la fasce de gueules chargée d'un léopard du champ, accompagnée, en chef, de deux fleurs de lis d'azur, et en pointe, de trois feuilles d'érables de sinople mouvantes d'une même tige.

(Bulletin des recherches historiques, V, 76). (1)

CHAPLEAU (Sir Joseph-Adolphe). Né à Sainte-Thérèse de Blainville le 9 novembre 1840. Admis au barreau en 1861. Député de Terrebonne de 1867 à 1892. Premier ministre à Québec, de 1879 à 1882. Secrétaire d'Etat à Ottawa, 1882-1892. Lieutenant gouverneur de 1892 à 1898. Créé chevalier en 1896. Mort le 13 juillet 1898.

BIBLIOGRAPHIE : Morgan, Canadian men and women of the time, 1898. — Biographie et principaux discours de l'hon. J.-A. Chapleau, 1887.

(1) Nous avons modifié la description des armes.

JETTÉ

D'azur, au cygne d'argent nageant sur une mer du même, surmonté de deux étoiles d'or en chef.

(Bulletin des recherches historiques, V, 77).

JETTÉ (Sir Louis-Amable). Né à L'Assomption, le 15 janvier 1836. Admis au barreau en 1857. Elu député de Montréal-Est, en 1871. Nommé juge de la cour supérieure en 1878 et lieutenant gouverneur en février 1898. Il resta en fonctions jusqu'en 1908. Créé chevalier en 1901.

BIBLIOGRAPHIE : Borthwick, Montreal, its history, 1875, 83. — Morgan, Canadian men and women of the time, 1912.

LANGELIER

D'argent, à l'ange de carnation lié d'azur, au-chef de gueules chargé de trois feuilles d'érable d'or et soutenu d'une trangle d'hermine.

(Archives de la famille).

LANGELIER (Sir François-Charles). Né à Sainte-Rosalie, le 24 décembre 1838. Admis au barreau en 1861. Professeur à l'Université Laval en 1863. Successivement député de Montmagny, Portneuf, Mégantic et Québec-Centre. Juge de la cour supérieure en 1898. Créé chevalier en 1908. Lieutenant gouverneur du 4 mai 1911 à son décès, le 8 février 1915.

BIBLIOGRAPHIE : Morgan, Canadian men and women of the time, 1912.

LEBLANC

D'or, au chevron de gueules, au chef d'azur chargé d'une étoile d'argent.

LEBLANC (Sir Pierre-Evariste). Né à Saint-Martin, île Jésus, en 1853. Admis au barreau en 1879. Député de Laval de 1882 à 1908. Président de l'assemblée législative sous les gouvernements Boucherville, Taillon et Flynn. Chef de l'opposition en 1905. Lieutenant gouverneur depuis le 9 février 1915. Créé chevalier le 3 juin 1916.

BIBLIOGRAPHIE : Almanach du peuple, 1916.

LETELLIER DE SAINT-JUST

De gueules, à la fasce d'argent chargée de trois feuilles d'érable de sinople, mouvante d'une même tige, accompagnée de deux molettes d'or en chef et d'une main senestre de carnation en pointe.

(Bulletin des recherches historiques, V, 74) (1)

LETELLIER DE SAINT-JUST (Luc). Né à la Rivière-Ouelle en 1820. Notaire en 1841. Député de Kamouraska en 1850. Conseiller législatif en 1860. Sénateur en 1867. Ministre du gouvernement Mackenzie en 1873 et lieutenant gouverneur de 1876 à 1879. Mort en 1881.

BIBLIOGRAPHIE : Casgrain, Letellier de Saint-Just et son temps, 1885. — Le monde illustré, 1890.

(1) Nous avons modifié la description des armes.

MASSON

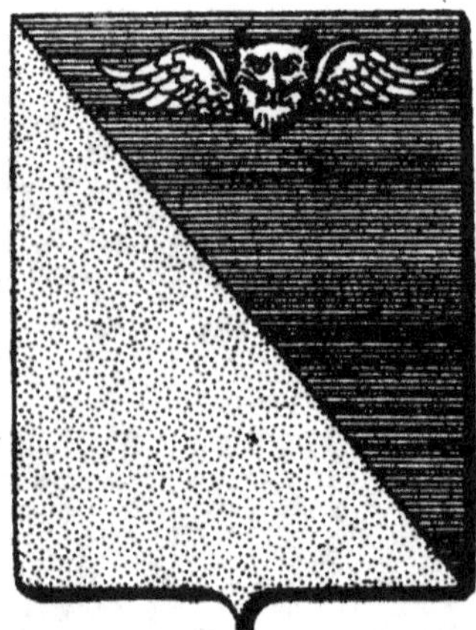

D'azur, à la tête de léopard ailée d'argent, tranché d'or.

(Bulletin des recherches historiques, V, 75). (1)

MASSON (Louis-François-Rodrigue). Né à Terrebonne le 7
novembre 1833. Avocat en 1859. Député de Terrebonne de
1867 à 1882. Ministre de la milice de 1878 à 1880. Sénateur
de 1882 à 1884. Lieutenant gouverneur de 1884 à 1887. Mort
en 1903.

BIBLIOGRAPHIE : Les hommes du jour, 365. — Le Monde illustré,
1890. — David, Mes contemporains, 260.

(1) Nous avons modifié le texte de la description de ces armes.
En autres choses, il y était fait mention d'une "tête de griffon ailée."
Une tête de griffon serait une tête d'aigle de profil, or la figure repro-
duite dans le dessin schématique du B. des r. h., et mieux encore, celle
qui se voit sur les médailles distribuées en prix et portant les armes du
lt-gouv. Masson, est bien une tête de lion vue de face, c'est-à-dire en
termes héraldiques français, une tête de léopard. Dans sa collection,
le numismate bien connu, M. R. W. McLachlan, a deux médailles de
l'hon. Masson: l'une d'elle porte uniquement d'azur, à la tête de léopard
ailée, mais l'autre est tranchée d'or. La première, dit-on, ne fut pas
mise en circulation.

PELLETIER

Parti : au 1, d'argent à la fasce de gueules chargée de trois étoiles d'argent ,accompagnée en chef d'une aigle de gueules et, en pointe, d'un croissant d'azur ; au 2, de gueules, au lion d'or, accompagné de billettes de même en orlé.

PELLETIER (Sir Charles-Alphonse-Pantaléon). Né à la Rivière-Ouelle le 22 janvier 1837. Admis au barreau en 1860. Député de Kamouraska de 1869 à 1877. Ministre dans le cabinet Mackenzie de 1877 à 1878. Sénateur de 1877 à 1904. Juge de la cour supérieure en 1904. Lieutenant gouverneur du 15 septembre 1908 à sa mort, le 29 avril 1911. Créé chevalier en 1898.

BIBLIOGRAPHIE : Morgan, Canadian men and women of the time, 1902.

ROBITAILLE

D'azur, à la colombe d'or portant au bec un rameau d'olivier du même, au chef d'argent.

(Bulletin des recherches historiques, V, 75). (1)

ROBITAILLE (Théodore). Né à Varennes le 29 janvier 1834. Admis à la pratique de la médecine en 1858. Député de Bonaventure de 1861 à 1879. Lieutenant gouverneur de 1879 à 1884. Décédé le 18 août 1897.

BIBLIOGRAPHIE : Le Foyer domestique, 1879, p. 385. — Le Monde illustré, 1890.

(1) Nous avons modifié le texte de la description des armes.

.VOCABULAIRE HÉRALDIQUE

---

*Les définitions ci-dessous sont puisées surtout dans Mailhol, Vocabulaire
du blason et dans Gheusi, le Blason héraldique. Les expressions
qui figurent déjà dans la première série ne sont répétées
ici que lorsqu'il y a lieu d'indiquer leur signification symbolique.*

ACCOUPLE DE CHIEN. — Petit bâton avec deux liens, dont on se sert
pour coupler deux chiens de chasse. Quelques auteurs disent *couple
de chien*.

ADEXTRÉ. — Pièce placée à la dextre de l'écu.

AGNEAU. — Il est toujours représenté de profil et passant.

ANGES. — On les représente ordinairement sous la forme de jeunes
filles revêtues de longues robes dites *dalmatiques*. Parfois les ailes
abaissées et parfois étendues vers le chef.

APPAUMÉ. — S'applique à la main ouverte dont on voit le dedans.

ARBRE. — Ce meuble est représenté avec ou sans feuilles, avec ou
sans fruits, il est d'un usage très général en armoiries.

ARGENT. — Signifie: beauté, rire, victoire et pureté. (Biadelli).

AZUR. — Signifie: joie, savoir, loyauté, clarté. (Biadelli).

BALANCE. — Symbole d'équité et d'impartialité, cet emblème convient
principalement à la magistrature.

BARRE. — Pièce posée diagonalement de senestre à dextre.

BÉLIER. — Mâle de la brebis. On le distingue par ses cornes.

BRAS. — Voir *paré*.

BRETESSÉ. — Se dit des pièces crénelées des deux côtés.

BRISURE. — Sert à distinguer les armoiries des différentes branches
d'une même famille. On distingue plusieurs sortes de brisure : le
lambel, la bordure, le franc canton, le changement d'émail, de meubles, etc.

Voici dans quel ordre la brisure se pratiquait suivant Palliot, qui lui-
même résume les règles énoncées par Chasseneu et Favin: L'aîné d'une
famille avait seul le privilège de porter les armes pleines et entières;
le second fils y ajoutait le lambel à 3 pendants, le troisième, une bordure

simple, le quatrième, un orle, le cinquième, le bâton, le sixième, la bande, etc.

Le fils aîné du premier second fils prenait les armes de son père, mais le deuxième mettait un lambel à 4 pendants en chef, le troisième, un lambel mouvant du chef, le quatrième, un lambel chargé d'aigles, de lions ,de roses, de croissants, etc.

Le fils aîné du premier troisième héritait des aimes de son père, mais le deuxième portait la bordure engrelée, le troisième la bordure chargée de besants ou de tourteaux, le quatrième, la bordure chargée d'annelets, etc.

Le second fils du premier quatrième et ses descendants pouvaient diversifier l'orle d'échiqueté, de palé, losangé, freté, fuzelé, fascé, pairlé, vivré, chevronné, de molettes, d'étoiles, etc.

Le second fils du premier cinquième et ses descendants changeaient et variaient le bâton.

Le second fils du premier sixième et ses descendants diversifiaient la bande qui peut être coticée, jumelée, bretessée, feuillée de scie, componée, endenchée, chargée d'animaux.

De ce qui précède, il résulte qu'il faut tenir pour règle et maxime infaillible, en armes, que *celui qui porte le moins est le plus.*

BURELLES. — Se dit des fasces diminuées, en nombre pair.

CANNE. — La canne se distingue de la merlette en ce qu'elle a bec et jambes.

CARNATION. — Se dit des parties du corps humain représentées au naturel.

CASQUE. — Instrument de métal qui couvre la tête. Il paraît dans l'écu ordinairement de profil. On le nomme aussi *armet* et *heaume.*

CASTOR. — Cet animal est représenté plus souvent rampant que passant .

CERF. — Animal qui paraît de profil; on le représente ordinairement passant.

CHAMP. — Surface ou fond de l'écu sur laquelle on pose les pièces ou meubles qui complètent les armoiries.

CHÉRUBIN. — Anges qu'on représente sous la forme de têtes d'enfants avec deux ailes. On ne doit pas dire *tête de chérubin,* parce que ces esprits célestes n'ont pas de corps.

CHEVAL. — Symbole de la valeur et de l'intrépidité. (Magny).

CHEVRON. — Représente les éperons du chevalier. (Magny).

CHICOT. — Bâton noueux sans feuilles. On dit aussi *écot.*

CHIEN. — Symbole de la fidélité, de la vigilance et de l'affection. (Magny).

CHOUETTE. — Oiseau de Minerve. Convient aux hommes de science et d'érudition. (Magny).

CLEF. — Signe de puissance. (Magny).

Cœur. — Représente ou la ferveur religieuse ou la sincérité habituelle. (Magny).

Colombe. — Symbole de la clémence, de la simplicité, de la douceur et de l'union. (Magny).

Comète. — Symbolise la renommée acquise par de grands exploits. (Magny).

Coq. — Emblème de la fierté et du courage. (Magny).

Corne d'abondance. — Corne remplie de fleurs et de fruits symbolisant l'abondance.

Corneille. — Cet animal est toujours représenté de sable.

Couleurs. — Représentent les vêtements des gentilshommes.

Couple de chien. — Voir *accouple*.

Coussinet. — Petit coussin.

Denchi. — Se dit des pièces héraldiques lorsque les lignes dont elles se composent sont à angles rentrants et saillants.

Denté. — Qui a des saillies en dents. Synonyme de denché.

Denticulé. — Espèce de bordure composée de créneaux ou de denticules.

Ecot. — Voir *chicot*.

Essor. — Se dit d'un oiseau en plein vol.

Fers de cheval. — Ils se mettent selon leur position naturelle et représentent ceux des pieds de devant.

Fers de lance. — Se dit du fer d'une lance, dont l'ancien chevalier se servait tant à la guerre qu'aux tournois.

Feuille d'érable. — Emblème du Canada.

Flambeau. — Torche dont on se servait dans les cérémonies nocturnes.

Flottant. — Se dit des navires et des oiseaux aquatiques posées sur les ondes.

Fourrures. — Hermine et vair. Peaux préparées pour orner, garnir, doubler les habillements des grands personnages. (Magny).

Franc-canton. — Pièce qui occupe un espace carré à dextre en chef.

Franc quartier. — Le quart de l'écu. Il a quatre positions possibles. Si elles ne sont pas blasonnées, il faut placer le franc quartier en chef dextre.

Fruits. — Symbole de la fécondité. (Magny).

Fusée. — Losange allongé et effilé.

Gerbe de blé. — Epis de blé réunis en faisceau. Si le lien est d'une couleur différente de celle de la gerbe il faut le spécifier.

GIROUETTE. — Plaque légère en forme de drapeau tournant autour d'un axe vertical pour indiquer la direction du vent. Les nobles avaient seuls jadis le droit de mettre des girouettes sur les habitations.

GRIFFON. — Symbole de la force unie à la vitesse. (Magny).

GUEULES. — Signifie: grandeur, audace, vaillance. (Biadelli).

HACHES D'ARMES. — Les *haches d'armes* ont une pointe de fer opposée au fer de la hache.

HÉRISSON. — Animal dont le dos est couvert de piquants aigus qui leur servent de défense.

HERMINE. — Animal blanc du genre martre.

HIBOU. — Même chose que chouette. (Magny).

HOUPPE. — Touffe de brins de laine, de soie, de duvet.

LÉOPARDÉ. — Lion passant et de profil.

LIÉ. — Se dit de pièces attachées par un lien. Il faut toujours indiquer l'émail du lien.

LIVRE. — Feuilles imprimées réunies en un volume. Il figure dans les armoiries parfois ouvert et parfois fermé.

LOSANGE. — Pièce carrée un peu allongée.

LOUP. — Animal sauvage qui paraît dans l'écu passant. Il a toujours la queue pendante, ce qui le distingue du renard, qui l'a levée perpendiculairement.

LOVÉ. — En spirale.

L'UN EN L'AUTRE. — Lorsqu'un écu est parti, coupé, taillé, tranché ou écartelé d'émaux différents, et qu'en chaque partie il y a une même pièce de blason, il faut que la pièce qui est sur le métal, soit de la couleur qui est le champ de l'autre, et au réciproque.

MAILLET. — Outil de charpentier.

MAIN. — Elle est dextre ou senestre et *appaumée* si elle montre sa face interne.

MAURE. — Voir *Têtes de Maures*.

MER. — En armoiries les mers sont ordinairement d'argent agitées d'azur, ou de sinople agitées de ce même émail plus foncé.

MONTAGNE. — Meuble dont la représentation habituelle est d'être unie, alésée. Il y en a beaucoup qui sont composées d'un certain nombre de coupeaux et d'autres qui sont mouvantes du bas ou du flanc de l'écu; ce qu'on exprime en blasonnant.

NAISSANT. — Se dit du cygne qui est sur l'eau ou du poisson posé horizontalement.

ŒILLET. — Fleur agréable par son parfum et sa beauté. Plusieurs familles ont enrichi l'écu de leurs armes.

OR. — Signifie: Éclat, justice, foi, force et constance. (Biadelli).

ORMEAU. — Jeune orme.

PANNETON. — Partie d'une clef qui fait mouvoir les pênes et ressorts.

PAQUERETTE. — Petite fleur qui ressemble à la marguerite.

PARÉ. — Se dit d'un bras revêtu d'une manche.

PATTÉ. — Se dit d'une croix dont les bras s'élargissent à leurs extrémités.

PIGEON. — Oiseau paraissant de profil arrêté sur ses jambes.

POURPRE. — Signifie: Bon vouloir, largesse et dignité. (Biadelli).

RAMÉ. — Ce terme sert à indiquer l'émail du bois du cerf ou du daim.

RAMEAU. — Petite branche d'arbre ou d'arbuste.

RATEAU. — Instrument d'agriculture et de jardinage qui paraît ordinairement en pal, la tête en haut.

RECOUPÉ. — Coupé qui est lui-même coupé.

ROUE. — En armoiries les roues ordinaires ont 4, 5, 6 ou 8 rayons.

SABLE. — Signifie: fermeté, tristesse et vigilance. (Biadelli).

SANGLIER. — Cet animal est représenté de profil et passant.

SAUVAGE. — Meuble qui représente un homme nu ceint de feuillage, ordinairement appuyé sur une massue; mais quelquefois assis.

SERPENT. — En armoiries le serpent est d'ordinaire posé en pal et ondoyant.

SENESTRÉ. — Pièce placée à la gauche de l'écu.

SINOPLE. — Signifie: Renouveau, douleur, espoir, gaieté. (Biadelli).

SOMMÉ. — Se dit d'une pièce surmontée d'une pièce, ou d'une pièce qui en supporte une autre.

SURMONTÉ. — Pièce qui en a une autre au-dessus d'elle sans la toucher.

TÊTES DE MAURES. — Ce sont des têtes de nègre, toujours posées de profil.

TRAINÉE. — Petite quantité de poudre répandue en longueur.

TRANCHÉ. — Partition de l'écu, au moyen d'une ligne diagonale, tirée de dextre à senestre.

TRANGLE. — Fasce rétrécie.

TRAIT DU COUPÉ. — Ligne indiquant le partage horizontal de l'écu.

VAIRÉ. — Le vair est une fourrure composée de partitions d'argent et d'azur. Le vairé est un dérivé du vair et se construit en employant des émaux différents.

VERGETTE. — Pal diminué de la moitié de la largeur.

VOILES. — En armoiries, la voile de navire est d'ordinaire gonflée et posée en fasce.

6

INDEX ALPHABÉTIQUE

———